KB245499

인문학적 성찰 중심의

자기소개서
인성면접

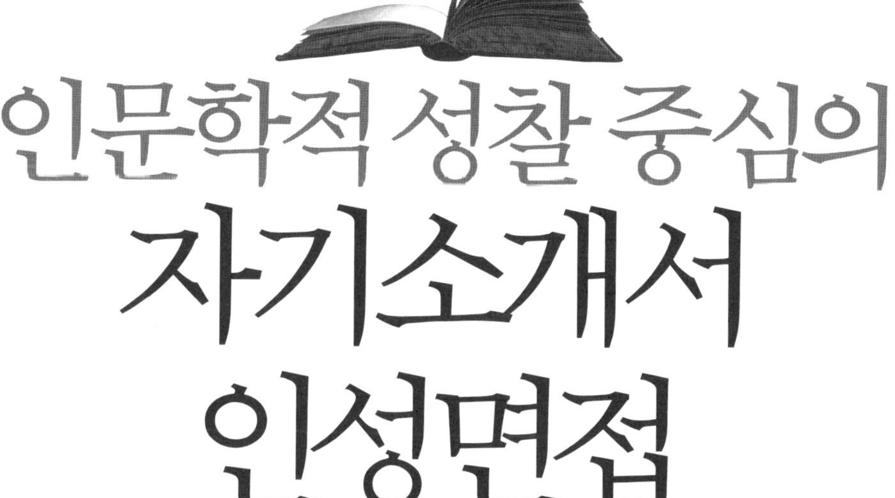

인문학적 성찰 중심의
자기소개서
인성면접

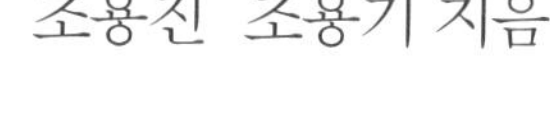

조용진 조용기 지음

나비의 활주로

왜 이 책을 썼는가?

필자가 알고 이해하는 최선이란 '나의 현재 위치에서 내가 가진 것을 최대한 활용하는 것'입니다. 그리고 필자가 진단하는 취업 지원자들의 문제는 '갖추지 못한 것을 얻어서 좀더 나은 위치에 올라가고자 한다'는 것입니다. 이것은 공채가 진행되고 있는 상황에서 결코 좋은 접근방법이 아니라고 생각합니다.

'어떻게 하면 지원자들의 평범한 경험과 얕은 스펙을 화려하게 만들 수 있을까?' 이 질문이 이 책을 쓰게 된 동기입니다. 필자는 '인문학적 성찰을 통한 자기소개서와 인성면접' 속에서 그 해답을 찾았고 이 책에서 그 해답에 이르는 과정을 구체적이고 자세하게 제시하고자 합니다.

왜 이 책을 왜 읽어야 하는가?

여러분은 다양한 경험을 토대로 자기소개서를 작성한 경험이 있을 것입니다. 만족하십니까? 만약 만족하지 않다면 그 이유는 무엇일까요? 그것은 작성한 '성과'가 불분명하기 때문입니다. 이 책에서 다루는 내용은 기존 자기소개서에서 정의하는 성과 위주의 스펙트럼과 큰 차이점이 있습니다.

예를 들면, 특정경험에 대한 성취를 기술할 때, 과정과 결과를 기술하는 것에서 그치지 않습니다. 근본적인 성찰을 통한 깨달음은 무엇이고, 그것이 지원하는 직무에 어떤 기여할 수 있는지 관점으로 기술되어 있습니다. 다시 말하면 성취대상이 아니라 성취해낸 사람이 어떠한 지성을 갖추고 인격적 성장을 이루어 냈는지를 중심으로 기술되어 있습니다.

'드라마틱한 이야기와 드라마틱한 교훈'이 있습니다. 필자는 '다양한 경험 속에 존재하는 드라마틱한 교훈을 발견하는 것'이 중요하다고 강조합니다. 이 책은 지원자 여러분이 이루어낸 성장, 발전, 변화 또는 성과를 자기소개서와 면접에 담아 평가위원을 감동하게 할 수 있는 길잡이가 될 것으로 확신합니다.

왜 이 책이 왜 필요한가?

'평범한 경험 속에서 뛰어난 교훈, 깨달음, 가치를 발견'하는 것을 첫째 목적으로 합니다. 둘째, 지원직무에 어떻게 도움이 될 수 있는지에 대한 방법을 제시하고 있습니다. 다음으로 자기소개서 항목을 분석하는 방법에 대해 다루고 있습니다. 중요한 점은 자신이 가진 역량을 기술하는 것이 아니라 역량을 가진 자신이 지원 분야와 회사에 어떤 도움을 줄 수 있느냐는 관점에서 접근하고 있습니다. 별 볼 일 없어 보이는 평범한 경험에서 '화려한 가치'의 발견에 중점을 두고 집필되었다고 할 수 있습니다.

취업 지원자들을 지도하면서 안타까운 점 중 하나는 평범한 경험을 잘 활용하지 못하는 데 있습니다. 평범함에서 으뜸 가치를 발견한다면 평범한 경험이 아니라 특별한 경험이 될 것입니다. 필자는 수많은 지원자와의 상담을 통해 '으뜸 가치'를 발견할 수 있도록 지도해 왔고, 그 결과물이 바로 이 책입니다.

'평범함은 없습니다. 다만 평범하게 바라보는 사람이 있을 뿐입니다.'

부록

인문학적 성찰 중심의 자기소개서 작성과
인성면접에 도움이 되는 도서

인문학적 성찰 중심의 자기소개서

자기소개서는 꾸준히 진화해 왔습니다. 직무구분 없이 선발한 후 배치하는 방식에서, 직무에 지원하는 방식, 그리고 직무와 관련된 경험을 중시하는 방식으로, 최근에는 성찰을 바탕으로 직무와 관련된 경험을 중시하는 것으로 발전했습니다. 필자는 이 책을 집필하면서 세 가지에 주안점을 두었습니다.

첫째, 평이한 경험에서 뛰어난 교훈을 얻는 데 필요한 것이 무엇인지? 둘째, 목적에 충실한 자기소개서가 무엇인지? 셋째, 지원자의 다양한 경험을 어떻게 지원직무와 연관성을 어떻게 극대화해야 하는지에 초점을 두었습니다.

Chapter 1

왜 인문학적 성찰 중심의
자기소개서인가

10대 그룹의 한 인사담당자는 "고객감동과 나눔경영은 가장 세련된 전략이 요구되는 분야이며 인간에 대한 본질적 탐구능력과 인간애를 갖춘 이들만이 고객감동과 나눔경영을 자연스럽게 꽃피울 수 있다"고 했습니다. 그리고 인문학 분야의 명문대학인 미국 Williams College의 애덤 포크 총장은 "인문학은 비판적 사고력과 창의적인 문제해결방법을 길러줄 뿐만 아니라 도덕적 규율을 갖게 하며, 자신과 이웃 나아가 문화를 이해할 수 있는 품성을 길러준다"고 했습니다. 인문학적 성찰을 기업채용 관점에서 정리해보면 인성정직·윤리성·정의·도덕성, 창의적 문제해결능력, 사고력, 글로벌마인드를 함양하는 데 필요하다는 것을 의미합니다. 이 책은 필자가 학생들과 상담하면서 학생들로 하여금 다양한 경험 속에서 가치를 발견할 수 있도록 지도한 내용으로 구성되어 있습니다. 그중 하이라이트 된 부분이 '교훈, 가치, 깨달음'에 해당합니다.

아래는 최근 학생과의 상담을 통해 가치를 발견한 사례입니다. 발견한 가치가 지원 분야에 어떻게 연결되는지 주목하기 바랍니다.

[사례 1] 봉사활동을 통해 얻은 가치는 무엇입니까?

자폐증에 걸린 아이들과 함께하면서, 입과 귀로만 소통해온 저 자신을 반성하게 되었습니다. 제가 담당하고 있는 반은 만 6세부터 13세 아이들로 구성되어 있습니다. 이들과는 대화로 의사소통이 거의 불가능합니다. 봉사활동을 하면서, 가슴으로만 그들의 굳게 닫혀 있는 마음을 열 수 있다는 것을 알게 되었습니다. 그 이후로 가슴으로 말하고 가슴으로 들으려고 노력하고 있습니다. 입사 후 고객을 가슴으로 대하겠습니다.

[사례 2] 도서관 사서 경험에서 얻은 가치는 무엇입니까?

학생들의 시간을 벌어준 것 같습니다. 필요한 서적을 가장 빠른 시간에 찾을 수 있도록 도왔습니다. 자주 찾는 책의 목록을 보면서 학생들의 주요 관심사와 사회 이슈에 대해서 알 수 있었습니다. 나중에 알게 된 사실은 세상에 소중하지 않은 일은 없다는 것입니다. 입사 후 사소해 보이는 일이라도 중요한 일이라 여기고, 업무를 수행하겠습니다.

[사례 3] 병원에서 할아버님을 1년간 간호했다고 하는데, 병간호하면서 무엇을 느꼈나요?

우선 하루하루를 소중히 여기고 가치 있게 살아야 하겠다고 다짐했습니다. 그리고 임종을 앞둔 사람들이 후회하는 것에 관해 관심을 끌게 되었습니다. 그리고 그분들을 통해 시도해 보지 않은 것들에 대한 후회가 가장 크다는 것을 알게 되었습니다. 그것이 계기가 되어 죽을 때 후회하지 않을 Bucket List죽기 전에 꼭 해야 할 일이나 달성하고 싶은 목표 리스트를 작성하게 되었습니다.

불통 스펙

'불통 스펙'은 '높은 스펙을 갖고 있음에도 그 스펙이 지원하는 직무에 도움이 된다는 것을 증명할 수 없는 안타까움'을 의미합니다. 예를 들면, 영어실력이 최상위 수준임에도 그 어학능력이 회사에 어떻게 기여할 수 있는지를 제시하지 못한다면 이를 불통 스펙이라고 할 수 있습니다. 최근 사회 진출을 앞둔 학생에게 영어로 질문했습니다.

"영어능력이 뛰어나다고 하는데, 지원 분야에 어떻게 활용할 수 있을까요?"

이 질문에 대한 영어 답변은 신통치 않았습니다. 자기소개서에는 국내 중견 기업의 수출 활성화를 위해 인턴프로그램에 참가한 경험이 있음에도, 이를 어필하지 못하는 현실이었습니다.

화려한 스펙

화려한 스펙은 '낮은 스펙을 극복할 만한 화려한 가치의 발견'이라고 정의합니다. 지난해 있었던 일입니다. 한 지원자가 치명적인 실수를 하게 됩니다. 장점이 '꼼꼼함'인데 자기소개서에는 다른 회사의 이름이 적혀있던 것입니다. 행운이었는지는 모르지만 면접에 오라는 연락을 받고 고민하다 면접관에게 이렇게 말했습니다.

"오늘 이 자리에 온 이유는 면접이 아니라 감사의 말씀을 드리기 위함입니다. 저 자신이 꼼꼼한 사람인 줄 착각하고 있었습니다……."

두산의 기업광고에 이런 말이 있습니다. '잘못을 인정하는 사람만큼 신뢰할 수 있는 사람이 또 있을까요?'

▍황금 스펙

황금 스펙은 '높은 스펙에 화려한 가치의 빌견'이라고 할 있습니다. 기업으로 서는 '심 봤다'고 할 만합니다. 정작 이런 지원자는 의외로 찾아보기 드뭅니다. 스펙이 높다면 황금 스펙을 증명할 수 있어야 합니다. 다음은 지난 상반기에 합격한 사례 중 하나입니다. 스펙이 매우 좋은 학생인데, 지원동기를 보면 잘 준비해 왔다는 인상을 받게 됩니다.

마케팅 분야에 지원하고자 최근 출간된 마케팅 관련 서적을 모두 읽으며 마케팅 주요이슈를 파악했습니다. 마케팅 동아리에서 다수 글로벌 기업의 모범경영 사례를 분석했습니다. 또 무역협회에서 인턴을 하면서 전시회 기획을 경험했고, 현직 마케터 분들과의 대화를 통해 실무에서의 어려운 점도 알게 되었습니다. 이러한 경험은 업무와 조직에 빠른 적응을 하는 데 큰 도움이 될 것입니다.

인문학적 성찰 중심의
자기소개서란 무엇인가

자기소개서는 꾸준히 진화해 왔습니다. 직무구분 없이 선발한 후 배치하는 방식에서, 직무에 지원하는 방식, 그리고 직무와 관련된 경험을 중시하는 방식으로, 최근에는 성찰을 바탕으로 직무와 관련된 경험을 중시하는 것으로 발전했습니다. 필자는 이 책을 집필하면서 세 가지에 주안점을 두었습니다.

첫째, 평이한 경험에서 뛰어난 교훈을 얻는 데 필요한 것이 무엇인지? 둘째, 목적에 충실한 자기소개서가 무엇인지? 셋째, 지원자의 다양한 경험을 어떻게 지원직무와 연관성을 어떻게 극대화해야 하는지에 초점을 두었습니다.

그렇다면 취업에 성공한 지원자들의 공통점은 무엇일까요?

그것은 역량대상을 차별화하지 않고, 사람주체이 가진 역량을 차별화했기 때문입니다. 다시 말해서 무엇을 원하는 대상보다 주체가 훨씬 중요하다는 것을 의미합니다. 예를 들어,

- 남들이 전공에 관심을 둘 때, 저는 전공활용에 관심을 뒀습니다
- 남들이 동아리활동을 할 때, 저는 동아리 발전을 위한 활동을 했습니다
- 남들이 외국을 경험할 때, 저는 글로벌마인드를 경험했습니다
- 남들이 스펙을 쌓을 때, 저는 역량을 쌓았습니다
- 남들이 차별화된 역량에 관심을 둘 때, 저는 차별화된 사람이 되는 방법에 관심을 뒀습니다

와 같은 것입니다.

취업 지원자들이 흔히 범하는 실수

논리의 비약

'학창시절 반장을 도맡아 했으므로 리더십을 기를 수 있었다.' 반장을 했다는 자체만으로 리더십이 있다는 것은 논리적 비약이 됩니다. 또 '성실하신 부모님 아래서 자랐기 때문에 나는 성실하다' '대학에서 ○○ 분야를 공부했기 때문에 ○○ 분야의 준비된 인재다' '입사 후 업계 발전에 이바지하겠다' 등이 해당합니다.

명언이나 유명인사의 언급

'행운은 준비가 철저한 준비가 기회를 만날 때 찾아온다'와 같은 명언을 쓴다고 명언처럼 사는 인재라고 할 수 없습니다. 유명인사나 위인을 존경한다고 해서 비슷한 능력과 품성을 지니고 있다고 볼 수 없습니다. 무엇보다 실천하는 모습을 보이는 것이 중요합니다.

> 자기소개서 작성의 핵심 중 하나는 '일관성'입니다. 지원한 직무를 수행하기 위해 어떤 노력을 꾸준히 해 왔는지를 한결같이 드러내는 것이 중요합니다. 직무에 대해 잘 모르게 되면 직무를 수행하기 위한 일관성 있는 경험을 유기적으로 연결하기 어렵게 됩니다. 그 결과 '준비가 부족하다는 인상'을 주게 됩니다. 예를 들면, 영업직 지원자가 '낯을 가리기는 하지만 한번 마음을 열면……'라는 직무와 동떨어진 역량을 이야기하는 경우가 종종 눈에 띕니다.

필자는 창의에 관련된 질문을 많이 받습니다. 저의 답변은 모방하고, 표절하라고 합니다. 다만 아무도 모방인지 표절인지 모르게 하는 것이 창의와 독창성의 핵심이라고 답변합니다. 최근 애플과 삼성의 법적 공방을 보면 이를 쉽게 알 수 있습니다.

그리고 자기소개서를 작성하는 학생들의 고민사항 중 하나는 특별한 경험이 없다는 것입니다. 진정으로 특별한 경험은 사소해 보이는 것에서 특별한 교훈을 얻어내는 것입니다. 얼마 전 우리나라 글로벌 기업의 한 인사담당자는 "우리 회사는 평범한 경험 속에서 교훈을 얻어 자신을 한 단계 업그레이드한 사원을 선발합니다"고 말했습니다.

한편 리더십 경험이 없는 학우들이 자주 묻는 말이 있습니다. '리더를 해보지 않았는데, 리더십 관련 자기소개서를 어떻게 쓸 수 있는가?' 입니다. 여기서 리더는 우리가 흔히 알고 있는 리더가 아닙니다. 리더는 남들보다 앞서 가는 사람이 아니라, 모범을 보이는 사람입니다. 리더는 생각과 말을 가장 먼저 행동으로 옮기고, 결과와 성과로 앞서 가는 사람입니다. 지위나 위치가 리더를 보장해주지는 않습니다. 여러분이 그런 경험이 있다면, 리더 위치에 오르지 않았어도 리더십 경험을 쓸 수 있습니다.

또 우리는 어떤 일을 잘해내려고 노력합니다. '완벽주의자'라는 학우도 많습니다. 일하다 보면 무언가를 더 잘하려고 합니다. 그러나 완벽이란 무언가 불필요한 일을 하지 않는 것을 의미합니다. 무언가를 할 때 필요한 것과 불필요한 것을 구분하고, 필요한 것에 집중하며 불필요한 것을 하지 않는 것이 무엇보다 중요합니다.

"회사에서 요구하는 인재상이 다른 네 '나 사신'을 인재상에 맞추어야 합니까?"

한 학생의 질문이 있었습니다. 틀린 말은 아니지만 좀더 적절하게 말한다면, 나를 맞추는 것이 아니라 내가 갖추는 것입니다. 갖추게 되면 굳이 억지로 맞출 필요가 없기 때문입니다. 예를 들어, 멋진 드레스를 누구나 입을 수는 있습니다. 그렇다고 해서 여러분이 멋진 사람이 되지는 않습니다. 가장 먼저 멋진 사람이 되고 나서 멋진 드레스를 입는 것이 현명한 선택이 아닐까요? 필자가 대학 강의에서 강조하는 말이 있습니다. 첫째, 취업을 위해 반드시 치를 '대가'가 무엇인지 명확히 해야 한다. 둘째, 치를 대가가 불분명하면, 정작 대가를 치를 수 없으므로 취업에 성공하지 못한다. 마지막으로 자신을 개선해야 자기소개서가 개선된다는 점입니다.

평가위원 관점의 매력적인 자기소개서

평가위원이 자기소개서를 읽는 목적은 지원자가 어떤 사람인지를 알아보는 데 있습니다. 구체적으로 말하면 지원한 기업이나 직무와 관련해 일관성을 가지고 얼마나 꾸준히 준비해 왔는지를 평가하는 것입니다. 지원자가 어떤 경험이 있고, 어떤 생각을 하고 있는지도 중요하지만, 평가위원에게 가장 중요한 점은 '우리 회사에 어떤 기여를 할 수 있는 사람인가?'에 초점을 맞추어 작성하는 것입니다.

입사지원서를 제출하고자 자기소개서를 작성하다 보면 '제한 글자 수'라는 것이 존재합니다. 즉, 자기소개서의 각 문항에는 일정한 글자 수로 제한하는 경우가 많습니다. 반드시 글자 수를 채우지 않아도 일관되고 설득력 있는 구조와 내용의 글이라면 평가위원에게 좋은 인상을 줄 수 있을 것입니다. 하지만 필자는 지원자인 자신의 모든 것을 보여주려면 글자 수가 모자랄 것이기 때문에 반드시 꼭 채우라고 이야기합니다.

그리고 입사지원서 제출은 빨리하는 것이 좋습니다. 될 수 있으면 빨리 제출하는 것이 좋습니다. 필자는 취업 지원자들에게 공채 사이트가 열리자마자 가장 먼저 제출하라고 조언합니다. 여기에는 몇 가지 이유가 있습니다. 첫째, 일반적으로 제출된 순서대로 입사지원서를 검토하게 됩니다. 가장 먼저 준비된 지원자임을 증명할 기회가 될 수 있습니다. 단 충분한 시간을 가지고 정성스럽게 진심을 담아 작성한 경우에 해당합니다. 둘째, 마감 직전에 대다수 지원자가 제출하기 때문에 평가위원이 제대로 검토하지 못할 가능성이 있습니다. 따라서 가능하면 빨리 제출하는 것이 좋습니다.

 평가위원이 생각하는 잘 작성된 자기소개서를 나누는 기준은 평범한 경험 속에서 뛰어난 가치를 발견하여 직무와 연결하는 내용이 있는가입니다. 이것을 '매력적인 자기소개서'라고 합니다. 예를 들면, 어려운 상황을 극복한 경험이라는 항목에 '문제의 근본적인 원인을 파악하고 해결함으로써 자신을 한 단계 업그레이드하고, 문제를 바라보는 새로운 시각을 갖게 되었다'고 한다면 금상첨화가 될 것입니다.

자기소개서 항목 분석

자기소개서 내용에는 경험 속에서 '무엇What을 발견했고', 그것이 '지원 분야에 어떻게How 도움이 되는지'를 보여주어야 진정한 차별화를 이룰 수 있습니다.

성장 과정

첫 번째 관점은 지원자가 자라온 가정환경에서 기술할 수 있습니다. 두 번째 관점은 지원자의 개인경험과 지원한 기업과 직무의 연관성을 보기 위한 질문으로 이해할 수 있습니다. 평가위원은 무엇보다 기업과 직무의 연관성이라는 점을 중요하게 봅니다. 그렇다면 성장 배경이 직무와 어떻게 연결되는지 다음

사례를 통해 알아보도록 하겠습니다.

[사례 1]

유년시절은 유별나게 산만했고 낙서를 하도 많이 해서 부모님께 꾸중을 들었습니다. 그러나 대학 입학 후 지금까지 몰랐던 재능을 알게 되었습니다. 그것은 산만함이 아니라 세계에 관한 관심이었고, 낙서가 아니라 창의력과 상상력이 풍부한 저였습니다. …… 입사 후 혁신적 디자인으로 고객을 감동하게 하겠습니다.

[사례 2]

드디어 자신과의 싸움에서 승리했습니다. 대학 입학 후 3년이란 시간은 타인이 원하는 삶의 가치들과 싸워오면서 저 자신을 둘러볼 수 있는 귀중한 시간이었다고 생각합니다. 누군가의 눈에는 제가 걷고자 한 길이 가시밭길로 보일 수 있습니다. 그러나 제가 원하는 삶의 가치를 향한 새로운 출발입니다. 자신의 길을 가는 사람이 성공한 사람이라는 말이 있습니다. 제가 지원하는 분야는 기획팀으로 제 삶의 목표와 방향을 명확히 정했습니다. 전략기획의 핵심은 기업의 목표와 방향을 명확히 하는 것이라고 알고 있습니다.

[사례 3]

은행에서의 인턴경험이 있습니다. 처음에는 어깨에 '무엇이든 물어보세요'라는 문구가 적힌 띠를 두르고 고객들이 들어오는 입구에 서서 안내하는 것부터 시작했는데, 익숙하지 못한 응대에 고객들은 냉소적인 반응을 보이기도 했습니다. 하지만 점차 응대에 익숙해지자 나중에는 아이들과 너무 잘 놀아준다면서 격려의 음료수를 사주시는 고객까지 생기게 되었습니다. 입사 후 누구보다 앞장서서 고객을 응대하겠습니다.

[사례 4]

> 많은 사람이 보험에 대한 선입견을 품고 있었고, 또 개인정보를 제공하는 것에 대한 거부감이 컸기 때문에 쉽지 않은 일이었습니다. **고객들의 냉담한 반응과 수십 번의 거절이 있었지만 포기하지 않았습니다.** 오히려 거절과 실패를 통해 더욱 크게 성장하는 저 자신을 느낄 수 있었습니다. 결국 저의 열정과 적극적인 모습이 고객들에게 긍정적으로 전달되어 가장 많은 정보이용 동의서를 받아 인턴사원 중 당당히 1등을 차지하게 되었습니다.

성격상의 장단점

이를 풀어 말하면 '직무수행을 위해 필요한 본인의 강점 및 보완점'이라고 해석됩니다. 자신의 장단점이 무엇인지 고민하기에 앞서, 본인의 성공과 실패경험을 되돌아보는 것이 중요합니다. 그 속에서 여러분의 진정한 강점과 보완점을 찾을 수 있습니다. 결론적으로 말하자면 성공과 실패 사례를 중심으로 본인의 강점과 보완점을 작성하게 되면 좋은 평가를 받을 수 있습니다.

● 직무수행에 도움이 되는 장점

[사례 1]

> 바둑에서는 '판세'와 '수'라는 말이 있습니다. 바둑은 흐름을 주시하지 않고 바로 앞의 수만 생각한다면 결국 패배를 부르게 됩니다. 저는 사업의 흐름을 읽는 사원이 되고자 합니다. 모두가 열심히 일하더라도 그 방향을 점검하고 전체를 위한 각 부분이 무엇인지 파악하는 관리가 없다면 성공은 없다고 생각합니다.

[사례 2]

> **음식은 사랑입니다**
>
> 러시아 교환학생으로 갔을 때 러시아와 한국 음식으로 현지 학생들과의 소통한 경험이 가장 큰 감동의 기억으로 남아있습니다. 교환학생 초기에는 러시아어만으로 의사소통에 한계가 있었습니다. 다른 방법으로 현지 학생들과 거리감 없이 지내며 교환학생 생활을 후회 없이 지내야겠다고 다짐한 저는 한국 음식으로 소통하는 것이 최선이라 생각했습니다. …… 입사 후 음식으로 세계인과 소통하겠습니다.

[사례 3]

> 남에게 신뢰를 얻고자 최선을 다하는 것이 제 장점입니다. 동아리회장, 학회회장, 각종 스터디그룹의 조장을 맡아오며 신뢰를 얻고자 두 배의 시간을 지식과 경험을 위해 노력과 투자를 했고, 남들보다 두 배 더 경청했습니다. 친구, 동료, 더 나아가 고객에게 신뢰를 얻고 더불어 살고자 더욱 땀을 흘리는 '열린 머리'의 인재로서 ○○○중공업의 문을 두드립니다.

[사례 4]

> Because가 아닌 Although의 정신으로 살아왔습니다. 무엇 때문에 '못한다'가 아니라 그럼에도 '난 잘할 수 있다'는 마음가짐은 제가 원하는 모든 일에 도전하게 되었습니다. 고등학교 때는 영화제작동아리에서 활동하였습니다. 감독으로서 영화를 제작하고 출품하면서 동료와의 협동정신과 다양한 시점으로 세상을 바라보는 태도를 배웠습니다.

[사례 1]

> 정에 약해 이득관계에서 제 것을 잘 챙길 줄 모르는 단점이 있습니다. 또한, 남의 부탁을 거절하지 못해 할 일이 많아도 부탁을 들어주다가 정작 제 일을 나중에 해 고생을 하기도 합니다. 이 단점을 고치고자 누군가의 부탁을 받으면 제 일의 우선순위와 비교하여 이성적인 판단을 하고 정중히 거절하는 습관을 들이고 있습니다.

[사례 2]

> 주변 사람들을 돕지 않고는 넘어가지 못하는 성격을 가졌습니다. 이 때문에 스스로 피곤하고 지칠 때가 있습니다. 하지만 이러한 태도는 입사 후 영업에서 고객의 어려움을 도울 수 있는 강점이 될 것이라고 확신합니다.

[사례 3]

> 의욕이 앞서 여러 가지 일을 한꺼번에 하려고 하여 몇 가지를 놓치는 경우가 있었습니다. 그 후 목표에 따른 우선순위를 계획하고 일을 진행하기 위해 다이어리에 스케줄을 작성하고 이에 맞춰 생활하려고 노력하였습니다. 학회와 학교 홍보대사 부회장, 학부 조교를 동시에 했을 때는 몸이 열이라도 모자랄 정도로 바빴지만, 목표와 우선순위를 정해 놓고 실천하니 어느 하나도 놓치지 않고 잘 수행할 수 있었습니다.

▌지원동기

평가위원의 의도는 '목표기업을 정하지 않고 입사지원서를 남발하는 묻지마 지원자를 가려내고 싶다'는 것입니다. 대응전략으로 업종과 직무를 중심으로 그동안 한결같이 준비해 왔다는 점을 강조하는 것입니다.

자기소개서 작성 시 유의점에 대해 조언을 드리면 다음과 같습니다. 특히 지원자는 '기여할 것'에 집중해야 합니다. '배우겠다' '열심히 하겠다'라는 표현은 준비된 지원자란 인상을 주기 어렵습니다.

[사례 1]

> 저의 전공은 컴퓨터공학이지만 대학생활 동안 파트타임으로 일하며 모은 돈을 미래에 사용할 목돈으로 만들자는 생각에 재테크에 처음 관심을 두게 되었습니다. 그 과정에서 은행 상품과 서비스 업무에 관심이 두게 되었고 경영회계를 복수 전공하면서 미래 금융인으로서 한국경제의 전반적인 흐름과 금융상식을 공부해 왔습니다. …… 이러한 경험이 전문 금융인이 되는 초석이 될 것임을 확신합니다.

[사례 2]

> **인류애의 출발점, ○○○중공업**
> 인류의 보편적 가치를 추구하는 작은 힘이 큰 힘을 만납니다. 어둔 밤을 밝히는 일, 사막의 갈증을 해소하는 일, 지구를 푸르게 하는 일. 이 모두는 제가 가장 소중히 여기는 인류의 보편적 가치입니다. …… 이제까지 다양한 경험을 통해 제힘을 축적해 왔습니다. 이제 ○○○중공업의 큰 힘에 저의 힘을 보태겠습니다.

[사례 3]

> 음식은 사랑과 관심의 표현 수단입니다. 한 달에 한 번은 VIPS에서 외식합니다. 그동안 소홀했던 가족 간의 유대감, 사랑을 더욱 끈끈하게 해주는 가교 역할을 합니다. 사랑을 전하는 일을 하면 좋겠다는 생각을 했습니다. …… 우리나라 사람뿐 아니라 외국인에게도 사랑을 전파할 수 있으면 좋겠다는 생각 했습니다. 그 회사가 CJ였습니다. 그 후로 20개국의 가장 대중적인 음식을 먹어보겠다는 다짐을 했고, 이를 위해 지난 1년 동안 계획했습니다. 특히 최고급 서비스를 체험하고자 최고급 식당에 가보았습니다. 그런데 최고급 서비스는 최고급 식당에 있지 않다는 것을 알게 되었습니다. 최고급 서비스는 눈에 보이지 않는다는 것입니다. 그것은 가족이 함께하는 시간을 소중하게 대하는 직원의 태도라는 것을 알게 되었습니다.

[사례 4]

> ○○○엔지니어링은 첨단 플랜트 건설 프로젝트에 대한 설계, 구매, 시공의 전 과정을 고도의 기술력으로 국외를 개척해온 대한민국을 대표하는 선도기업입니다. 전세계 시장을 활동무대로 대형 프로젝트를 성공적으로 수행하고 있는 ○○○엔지니어링이야말로 저의 열정을 다 바쳐도 아깝지 않으며 꿈을 이룰 수 있는 무대라고 생각합니다. 저는 입사를 위해 지원기업과 경쟁사의 재무제표분석을 통해서, ○○○엔지니어링의 현재 위치와 앞으로의 전략 방향에 대해 확고한 믿음을 가지고 있습니다. …… 10년 후 플랜트 재무 분야에서 끊임없는 자기계발을 바탕으로 최고의 플랜트 재무전문가가 되는 것이 저의 최종목표입니다.

[사례 5]

> 언제나 새로운 것에 도전합니다. 대학 입학 후, 게임에 관련된 모든 과목을 수강했습니다. 게임 콘텐츠 제작에 도움이 되는 신화, 역사, 작문 등 관련 과목 수강을 통해 이론적인 지식기반을 다졌습니다. 영국 교환학생으로 있을 때 그곳 젊은이들이 좋아하는 게임을 분석하여 사업기획서를 만들어 보기도 했습니다. ……

입사 후 그 사업기획서를 토대로 ○○○ 분야에 응용해 볼 계획입니다.

[사례 6]

이집트 유학 시 KOTRA 이집트무역관의 시장개척단, 무역박람회에 아랍인 바이어와의 통역으로 일하면서 외국에 국내 제품을 수출하는 국외영업에 대한 큰 매력을 느끼게 되었습니다. 지중경사계, 용접드릴 같은 제품은 관심 분야가 아니라 많은 걱정을 했었지만, 시장과 제품에 관한 철저한 조사와 자신감만 있으면 어디서건 영업할 수 있다는 깨달음을 얻었습니다.

[사례 7]

물류창고 업무를 하면서 고객이 믿고 구매할 수 있도록 보이지 않는 곳에서도 ○○○이 많은 노력을 하고 있다는 것을 알게 되었습니다. 저의 직업관은 하고 싶은 일을 하면서 회사에 수익을 창출하고 더불어 고객도 이롭게 하는 것입니다. ○○○이 바로 고객을 이롭게 하는 기업이라고 생각합니다. …… 국외시장 진출의 역군이 되겠습니다. 1년 전 베트남의 유통을 이해하고자 탐방을 통해 진출전략 기획서를 작성했습니다. 입사 후 베트남시장 진출의 선봉장이 되겠습니다.

[사례 8]

모두가 열심히 일하더라도 그 방향을 점검하고 전체를 위해 각 부분의 역할이 무엇인지를 파악하는 관리가 없다면 사업의 성공은 없다고 생각합니다. 지원직무를 위해 전공, 동아리활동, 자격증, 공모전 등 일관성 있게 준비해 왔습니다. 이러한 점에서 저는 사업관리직무에 적합한 지원자라고 확신합니다.

[사례 9]

> 최근 스페인에 교환학생을 다녀왔습니다. 스페인 방문으로 제 시야를 넓힐 수 있었습니다. 6개월 동안 머무르면서 SWOT 분석을 통한 비즈니스 기회에 관해 연구했습니다. 그리고 스페인을 비즈니스 관점에서 더 잘 이해하게 되었습니다. **또한, 그 지역사람들의 사고와 라이프스타일을 좀더 잘 알게 되었습니다.** 지식과 비즈니스 마인드를 갖게 된 좋은 경험이었습니다. 이 경험은 입사 후 마케팅 부서에서 근무할 때 큰 도움이 될 것입니다.

[사례 10]

> 세상을 움직이는 힘은 보이는 것이 아니라 보이지 않는 힘이라고 생각합니다. 특히 영업에서는 고객들이 원하는 것을 해결해 주어야 한다고 생각합니다. **그것은 바로 고객의 꿈, 미래, 기대를 능가하는 서비스를 제공하는 것입니다.** …… 저는 최고를 꿈꿉니다. 개인적인 입장에서 최고일 뿐 아니라, 제가 속한 조직의 성장과 발전을 위해 끊임없이 노력하겠습니다.

향후 포부

포부는 마음속에 지니고 있는, 미래에 대한 계획이나 희망을 의미합니다. 그러나 입사지원서를 작성할 때 유의사항이 있습니다. 무엇보다 지원자는 '기여할 것'에 집중해야 합니다. 10년 후 회사에 어떤 기여를 통해서 어떤 사람으로 평가받고 싶은지, 그리고 이를 위해 무엇을 단계적으로 계획해야 하는지를 기술하는 것이 중요합니다. 자기계발 욕구가 너무 강해 배우러 입사하는 듯한 인상을 주는 경우는 곤란합니다.

[사례 1]

> 첫째, 눈에 보이지 않는 곳에서 더욱 열심히 하는 사원이 되겠습니다. 제게 주어진 역할에 사명감과 열정을 가지고 기업문화에 융화하겠습니다. 둘째, 고객을 편하고 자연스럽게 이어줄 수 있는 징검다리가 되고 싶습니다. 사람들 속에서 나를 발견하는 것, 사람을 위하는 일을 하는 것, 이것들이 제가 이루고자 하는 것입니다. 셋째, 자기계발에 소홀함이 없게 하겠습니다. 은행 업무 수행에 필요한 전문적인 금융지식을 쌓아 미래가 더욱 기대되는 사람이 되겠습니다.

[사례 2]

> 삼성중공업에서 브라질 전문가가 되기 위해 공부해 온 꿈을 이룰 수 있다고 생각합니다. 국외영업은 기본적으로 해당 지역과 지역민에 대한 이해가 바탕이 되어야 합니다. 지역의 경제, 정치, 사회, 문화적 특징을 배려하고 접근해야 영업에서 성공을 거둘 수 있습니다. 이를 위해 브라질 연수 시절에는 다양한 브라질인을 많이 만나보았습니다. 한국에서는 브라질 정치사, 경제사, 문화사 수업을 들으면서 관련 지식을 쌓았습니다. 이러한 경험과 지식을 바탕으로 10년 후에는 더 많은 삼성중공업의 배가 브라질 물살을 가를 수 있도록 노력하겠습니다.

열정을 묻는 질문

열정이란 '무엇 하나만을 생각하고, 말하고, 행동하고 꿈꾸는 것이다'는 말이 있습니다. 다양한 경험 중에서 가슴 설레게 했거나, 간절했거나, 설박했넌 사례가 있다면 좋은 소재가 될 수 있습니다.

[사례 1]

> 게임만 생각하고, 게임만 말하고, 게임만 꿈꾸고 있습니다. 약 2개월 전부터 게임 공모전을 준비해 왔습니다. 저는 하나에 빠지면 헤어나오지 못하는 강점이 있습니다. 최근 ○○○공모전에 참가하고 있습니다. 기획의도에 가장 큰 심혈을 기울였습니다. 게임유저들이 빠져들 수 있는 포인트는 무엇일지 고민한 다음 게임유저를 대상으로 설문작업을 진행했습니다. 이를 통해 좀더 구체적인 기획의 방향을 세울 수 있었습니다. …… 현재 게임 공모전에 참가하여 본선에 진출했습니다.

[사례 2]

> 인턴을 시작하기 전 교수님께서는 제게 말씀하셨습니다.
>
> "네가 뭐든 열심히 하는 모습은 내가 잘 알고 있는데, 네 눈빛에서는 아직 치열함이 보이지 않아. 이번 기회를 통해 조금 다른 눈빛을 가진 네가 되길 바란다."
>
> 저는 큰 충격을 받았고 며칠 동안 잠을 편히 청하지 못했습니다. 정확히 어떠한 것을 고쳐야 하는지, 어떠한 방법으로 제 눈에서 치열함을 찾을지 잘 알 수 없었기 때문입니다. 그래서 저는 인턴생활에 제 모든 것을 쏟아 부어보기로 하고 정말 죽기 살기로 일에 매달렸습니다. 제가 속한 '윤리경영팀'의 업무 이외에도 모든 부서를 활보하며 저의 모든 열정을 다했습니다. …… ○○○에 합격 후 치열한 눈빛을 다시 한번 보여 드리고 싶습니다.

[사례 1]

> 외국에서 일자리를 얻을 때의 경험입니다. 일본 점주들은 외국인 근로자를 선호하지 않기 때문에 일자리를 얻기가 어렵다고 합니다. 그래서 저는 일자리를 원한다고 할 수 있어 고객응대에 문제가 없고, 한국어와 중국어를 할 수 있으므로 한국인과 중국인 고객응대도 가능하다고 했습니다. 다음으로 그 음식점에서 판매하는 음식이 고객에게 주는 가치를 설명했습니다. 마지막으로 일을 대하는 마음가짐에 대해 설명했습니다. 그 결과 그 음식점에서 일할 수 있었습니다. **고객이 원하는 상품의 가치를 전달할 수 있는 능력과 사소한 것도 소홀히 하지 않는 마음가짐은 마케팅 업무를 성공적으로 수행하는 데 도움이 될 것으로 확신합니다.**

[사례 2]

> **좀더 멀리 내다볼 줄 아는 지혜**
>
> 풍물패 동아리는 매년 공연을 개최합니다. 연주회를 성공하게 하는 유일한 방법은 관객을 감동하게 하는 일이라는 결론에 도달했습니다. 많은 고민 끝에 자신에게 '흥과 기를 불어넣고' 그 느낌으로 연습을 충실히 하면 관객 역시 같은 감흥을 느낄 것이라는 믿음이 있었습니다. 그 결과 준비해온 공연에 50명이 감동을 하였고, 올해는 200명이 공연에 참가했습니다. 멀리 내다보며 일할 줄 아는 인재, 지원자 ○○○입니다.

생활신조(좌우명)

이 질문의 의도는 지원자가 생활신조좌우명를 갖게 된 이유와 평소 실천하고 있는지 알고 싶은 것입니다. 만일 '정직한 사람이 되자'가 생활신조라면, 말과 행동이 일치하는 사람 또는 내면의 나와 외면의 내가 일치한다는 사례를 구체적으로 제시해야 합니다. 말이 '멋진 신조'가 아니라 실천하는 모습이 '멋진 사람'인 것이 중요합니다.

[사례 1]

제 생활신조는 가치 있는 사람으로 기억되는 것입니다. 이를 위해 저는 세 가지 원칙을 가지고 있습니다. 첫째, 자신의 발전을 위해 항상 최선을 다하는 것입니다. 둘째, 타인을 공정하고 진심을 가지고 대하려고 노력합니다. 셋째, 솔선수범하는 것입니다. 입사 후 이러한 원칙을 가지고 업무를 수행하겠습니다.

직업관

'직업은 늘 가슴 뛰고, 하면 할수록 보람차고 신 나는 것이어야 한다'는 말이 있습니다. 필자는 이 말에 전적으로 공감합니다. 직업은 보람과 긍지를 느낄 수 있는 일이어야 합니다. 사소한 일 속에서 가치를 발견하려는 마음가짐이 무엇보다도 중요합니다.

[사례 1]

> 이마트에서 파트타임으로 일하면서, 내 매장이라는 자부심과 주인의식으로 고객가치 창출을 최우선의 과제로 일했습니다. 그러고자 가장 먼저 밝은 사원이 되기로 했습니다. 다음으로 가장 인사 잘하는 사람, 그다음 가장 일 잘하는 사람, 마지막으로 가장 인정받는 사람이 되기로 했습니다. …… **결국 캐셔, 축산, 농산 등 다양한 파트의 사람들로부터 인정받게 되었습니다.**

합격자 자기소개서 분석

합격 자소서를 분석해 보면 직무에 대한 이해도가 매우 높다는 것을 알 수 있는데, 이들의 공통점은 다음 네 가지 관점에서 잘 구성되었다고 봅니다.

첫째, 글이 길어도 읽기가 쉽다는 점입니다. 둘째, 많은 시간을 투자하여 정성스럽게 작성했다는 것이 느껴집니다. 셋째, 직무와의 연관성을 설득력 있게 설명했다는 점입니다. 넷째, 제목이 흥미롭고 강렬합니다.

◉ 이랜드(E-LAND) 전략기획 직무

삶을 통해 이루고 싶은 인생의 비전 또는 목표 세 가지를 우선순위 순으로 적어주십시오.

- 글로벌 기업의 방향을 디자인하고 이끄는 전략기획본부장
- 개척되지 않은 곳까지 시장화하여 상품뿐 아니라 그 가치도 함께 전하는 것
- '진정한 주인의식'을 닮고자 하는 사회에 모범이 되는 144명 멘티의 멘토가 되는 것

자신이 다른 사람과 구별되는 능력이나 기질을 써주십시오.

- 'WHAT'을 'HOW'로 바꾸는 기획력과 실행하는 행동력
- 새로운 가치 창출을 위해 지식을 체득하며 끝까지 완성해내는 집중력
- 타인의 생각을 놓치지 않고 모두의 공감을 추구하는 이타적 리더십

자신의 인생에 가장 영향을 끼친 사건 세 가지를 든다면?

- 불확실성의 제거: 다리가 관통되는 사고를 당한 후, 삶을 소중히 여기고 매사에 주의를 기울여 '불확실성'을 제거하기 위해 심사숙고하게 됨
- 철저한 자기관리: 중국 봉사활동 리더 Charles와 생활하며 섬기는 리더십과 철저한 자기관리, 플래너 작성의 중요성을 배움
- 사람다운 삶: 죽은 염소 곁에서 뛰노는 중국 아이를 바라보며 '사람다운 삶'에 대한 개념이 바뀜. 중국 란저우 슬럼지역 사역 후원을 시작함

살아오면서 자신이 성취한 것 중 자랑할 만한 것을 한두 가지 소개해 주십시오. (100자)

- 부대원의 희망이 됨: 병영 사기 진작을 위한 '우수 병사 부모 초청 행사'를 기획, 발의하여 실행
- 입사 초년 차 대리: 코트라 인턴 당시 부재중인 대리를 대신하여 팀장님 결재를 통해 상담회 총괄기획

후배에게 추천하고 싶은 책 세 가지를 중요한 순서대로 적어주십시오. (100자)

- 기업가 정신: 《한 권으로 읽는 드러커 100년의 철학》, 피터 드러커
- 자아 성찰: 《너무 일찍 나이 들어버린, 너무 늦게 깨달아버린》, 고든 리빙스턴
- 인간의 심리: 《세계사를 움직이는 다섯 가지 힘》, 사이토 다카시

즐겨 찾는 인터넷 사이트와 그 이유를 설명해주십시오. (100자)

- 新華網: 중국 뉴스를 중국인의 관점으로 열람
- 北京大 中國語言中心 語料庫: 상황에 적합한 중국 어휘를 익힐 수 있음
- 네이버 카페 '디젤매니아' 등 패션 커뮤니티: 최신 경향에 대한 시대의 반응을 알 수 있음

자신에게 있어서 직장생활의 의미를 써 주십시오. (200자)

직장생활은 문제의 발견과 해결입니다. 사업은 '위대한 필요'를 찾아내어 만족하게 하는 열정에서 시작됩니다. 또 사업의 본질은 다른 사람을 섬기는 것이며, 부가가치를 창출하여 더 나은 세상을 만드는 것입니다. 저는 이랜드에서 이러한 열정을 발견했습니다. 저는 부지런함과 배우려는 자세, 계획성, 판단력을 발휘하여 앞으로도 이랜드가 '위대한 필요'를 찾아내고 열정을 갖는 기업으로 성장하는 데 앞장서겠습니다.

지원동기를 구체적으로 적어 주십시오. (500자)

심장 터질듯한 열정!

'눈을 사로잡는 것은 많다. 하지만 심장을 뛰게 하는 것은 적다. 그것을 좇아라.' 제가 믿는 가치입니다. 제가 발견한 이랜드의 가치는 '열정'입니다. 열정으로 이룬 이랜드의 성취는 제 심장을 불붙게 했습니다. 이랜드의 재무구조, 사업 분야에 대한 분석 보고서를 작성하면서 발견한 사랑과 열정, 기획력이 만나 이루어낸 이랜드의 성취는 재무제표에 표기할 수 없는 가치입니다.

'A급의 제품을 반값에'라는 전략은 위대한 필요를 찾아내어 충족시킨 이랜드의 업적입니다. 제품을 싸게 공급하는 것이 아닌 '두 배의 가치를 가진 상품'을 시장에 공급한 예는 모든 기업이 배워야 할 사례입니다. 사업의 본질은 다른 사람을 섬기는 것이며, 가치를 창출하며, 가치를 높이고, 지속해서 개선하는 것입니다.

강렬한 열정과 기획력 없이 이룰 수 없습니다.

전략은 현실을 반영한 아이디어입니다. 그리고 아이디어를 이루어내는 것이 기획입니다. 기획을 실행하는 것이 열정입니다. 이랜드와 함께 아이디어를 내고 성취하겠습니다. 제가 함께 기획해 나갈 이랜드의 성취는 2020년 중국 매출 50조 원/총 매출 100조 원으로 나타날 것입니다.

위에서 표현되지 못한 자기소개를 간단하게 적어 주십시오. (1,600자)

지식의 가치를 아는 사람

고등학생 시절, 미국에서 온 봉사활동팀과 중국에서 중·영·한 통역을 경험하며 언어와 문화를 이해하는 것의 가치를 배웠습니다. 한미공군사령부에서 근무하면서 영어 실력 개선의 필요성을 느껴 실무 중심의 영어를 익혔습니다. 이러한 노력의 결과로 한미원사단 회의 통역, 한미 장군 친선골프대회 기획팀으로도 활동하였습니다. 실무 위주의 영어는 전공수업을 원어로 들으면서 더욱 강화시킬 수 있었습니다.

중국에서도 교과서가 아닌 관료, 대학생, 기업가 등을 통해 언어를 체화하였습니다. 이렇게 습득한 '살아있는' 언어는 그들을 이해하는 데 도움이 되었습니다. 저는 이러한 지식을 바탕으로 다양한 경험을 하였고, 문제가 생길 때마다 해결하는 능력을 발휘하였습니다.

지식을 통해 기획하는 사람

지난여름, 대만 가오슝에서의 문화교류활동은 저의 제안으로 성공할 수 있었습니다. 당시 이 활동은 변화 없이 몇 년간 반복되면서 매너리즘에 빠지고 있었습니다.

저는 열두 명의 팀원 중 유일한 통역관이었지만 동아리의 총무 시절 기획했던 행사들을 접목해 구성을 다양화할 것을 제안했습니다. 한류 스타의 춤 강습회, 한국전통요리 강습회 등 기존에 시도하지 않았던 행사를 통해 마을 전체가 참여하는 활동으로 변화시켰습니다. 마지막 밤에는 야심 차게 준비한 태권무와 한삼춤 등 전통의상공연으로 사람들을 매료시켰고, 저도 직접 참여한 여성 아이돌의 깜짝 춤을 통해 모두의 입을 다물어지지 못하게 하였습니다. 행사를 마친 후에는 모두가 기립 박수로 성공적인 활동을 축하해주었습니다. 40도를 넘나드는 날씨에도 약 3백여 명의 주민이 참여한 5박 6일의 행사는 주최 측으로부터 어느 해보다 다채로운 구성이었다고 인정받았습니다.

지식을 나누고 적용하는 사람

중국에서 국제학교 학생들을 가르칠 기회가 있었습니다. 학원을 통해 공부해본 적이 없었기에 처음에는 어떻게 가르쳐야 힐지 막막했습니다. 그러던 중 제기 지식을 습득해 온 방법을 적용해보기로 했습니다. 영어, 중국어는 단어를 외우는 대신 문맥 속에서 유추해내도록 하였고, 수학 역시 쉬운 문제를 중심으로 핵심원리를 이해시켰습니다. 새로운 교육법을 도입한 지 두 달 후, 중간고사에서 제가 가르치던 박성수 학생이 전교 1등을 하였습니다. 그 덕에 학원 수강생이 두 배로 증가하였고, 학원의 재무상태 역시 크게 개선되었습니다.

지식이 성과가 되는 사람

KOTRA 중국사업단 인턴으로 근무하면서 《중국 내수 유통지도 2010》이라는 중국 유통망을 분석한 책을 발간하였습니다. 그러나 적합한 자료가 부족했으며, 전문업체를 이용하는 것도 불가능한 상황이었습니다. 하지만 아무 자료나 인용하는 것으로는 책의 가치를 극대화할 수 없었습니다. 그래서 자진하여 포토샵을 배우며 적합한 자료를 직접 그렸습니다. 최고의 완성도로 달성하고자 하는 배움은 일견 무모해 보였지만, 예정된 기일에 맞추어 준비를 마쳤습니다.

도서가 출간되자마자 초판 전량이 매진되었으며, 2억 6천만여 원의 매출을 달성하였습니다. 구매한 기업들은 시장을 정확히 시각화한 자료에 만족해했고, 조환익 사장님께서도 특별히 회식을 지시하시며 책자를 제작한 노고를 인정해주셨습니다.

지식이 재고로 남지 않고 체득되었을 때 지식의 가치가 드러납니다. 저는 힘든 일이 있으면 더 힘을 쏟아 노력하고, 지식에서부터 출발하는 아이디어를 적극 활용, 평범한 일을 탁월하게 하여 최고의 성과를 이루어냅니다. 이랜드에서도 도움이 되는 필요한 존재, 혁신을 위해 꾸준히 고민하고 학습하여 기대 이상의 성과를 내는 사원이 될 것입니다.

GS RETAIL

지원 동기 및 열정에 대하여

'4F 준수를 약속드립니다.'

GS리테일의 4F조직 가치에 부합하며 저 자신을 발전시키고 그 발전된 바를 회사의 발전으로 이어나갈 것입니다. 40개국이 넘는 다양한 국적의 학우들과 국제학교에서 공부하며 사람들의 다양성을 인정하는 포용력을 갖추고 'Fair'한 마음가짐을 길러왔습니다. 별명이 '하회탈'일 정도로 잘 웃으며 다양한 서비스 아르바이트를 통해 'Friendly'한 태도를 보이게 되었습니다. 도전을 두려워하지 않고 실패를 맛보아도 'Fresh'한 마인드를 가지고 다시 노력합니다. 무슨 일을 하더라도 'Fun', 즉 재미를 최우선시하며 즐겁게 임합니다. 항상 발전을 위하여 새로운 도전을 즐거운 마음으로 임하여 기업의 활력을 불어넣으며 GS리테일의 장기적인 발전을 도모하는 데 최선을 다하겠습니다.

성장 과정 및 학교생활에 대하여

'꿈보다 먼저 뛰고 도전 앞에 당당합니다.'

항상 어떠한 목표를 달성하기 위하여 열정을 가지고 성실하게 노력해 왔습니다. 중학교 시절 홍콩 친구의 집에 초대를 받아 놀러 가게 되었습니다. 친구가 집 안에서 당연하듯이 영어와 중국어(광둥어) 등을 자유롭게 부모님과 구사하는 모습을 보며 그 모습을 동경하게 되었습니다. 저 또한 여러 언어를 구사할 수 있는 능력을 갖추기 위해 상해에서 개최된 영어 말하기 대회에 참가하여 동상을 타는 성과를 이루었고, 'We Enjoy Drama'라는 방과 후 동아리에 가입하는 등 외국어 실력의 향상을 위한 다양한 시도를 해왔습니다. 그 결과, 더 자연스러운 영어, 중국어 및 일본어 구사는 물론 다양한 시점에서 타국의 문화를 빠르게 이해할 수 있는 능력을 갖추게 되었습니다. 또한, 저는 꿈을 이루기 위해 달려나가는 일을 두려워하지 않고 늘 도전 앞에 당당 하려 노력합니다.

입사 후 포부에 대하여

'GS리테일의 치명적인 MD'

치명적인 역량을 갖춘 GS리테일의 MD가 되겠습니다. 편의점업계는 전반적인 경기 침체 속에서도 상승세를 지속하고 있으며, 이는 GS25가 우리나라 편의점 1위의 자리를 충분히 달성할 수 있는 성장 가능성을 비추고 있습니다. 입사 후 1년간의 현장근무를 통하여 고객과의 직접적인 커뮤니케이션을 나누며 그들의 구체적인 요구를 파악하고 신속한 해결책 및 상품개발을 하는 스킬을 익히도록 하겠습니다. F/F 차별화 등 GS25만의 다양한 마케팅전략과 같이 새롭고 획기적인 마케팅 상품개발에 힘쓰겠습니다. 그리고 5년 안에는 글로벌소싱(Global Sourcing) 업무에 뛰어들어 외국시장에도 국내의 독창적인 상품을 선보여 현재 설립되어있는 GS리테일 베트남의 성장을 추진시키도록 하겠습니다. GS25가 국내 및 국외의 편의점업계에서 당당히 으뜸의 자리에 확고히 앉을 수 있도록 우수한 MD의 자질을 끊임없이 키워나가겠습니다.

성격의 장단점 및 보완 노력에 대하여

'책임감은 저의 또 다른 이름입니다.'

일본 어학연수 기간 내내 한 곳에서 아르바이트하였습니다. 유일한 외국인이었던 저에게 제가 일하는 날에만 오겠다고 농담조로 말씀하시는 손님들과의 신뢰를 유지하려 책임감을 가지고 일 년 동안 아르바이트에 임하였습니다. 그 결과 모든 일에 책임감을 다하게 되었습니다.

'거절하는 것은 현명하게 남들과는 다르게'

누군가에게 무언가 부탁을 받으면 거절을 못 하는 경향이 있습니다. 이를 개선하기 위해 토론을 하거나 사람들의 말을 들을 때 섣불리 바로 대답을 하지 않고, 한 번 더 머리에서 정리하여 신중하게 말하려 노력하고 있습니다. 이런 저의 단점을 장점화하여 업무상에서 일어날 수 있는 의견충돌을 막고, 또 의견을 잘 수용하여 최상의 결정을 내리는 저만의 능력으로 바꿔 나가겠습니다.

정직함에 대하여

'정직함은 그대로 돌아오기에'

제주도에 여행을 가 80세가 넘으신 할머니와 할아버지가 운영하고 계신 민박집에서 머물게 되었습니다. 하룻밤에 9만 원씩 4박 5일을 머물게 되었습니다. 첫날 모든 방값을 내고 방으로 들어왔는데 할아버지께서 10만 원을 덜 계산하셨다는 사실을 알게 되었습니다. 그 사실을 알자마자 '내가 일으킨 일은 반드시 나에게 똑같이 돌아온다'는 생각을 언제나 가슴 깊이 새겨두었던 저는 망설이지 않고 더 받은 10만 원을 할아버지께 돌려 드렸습니다. 할아버지는 고마움의 표시로 숙박비가 더욱 비싼 넓고 깨끗한 방으로 옮겨주셨습니다. 저는 언제나 정직하게 원칙을 준수하려 합니다. 이러한 저의 정직한 면은 GS리테일의 조직가치인 4F 중 'Fair'인 '진실한 생각과 올바른 행동을 합니다'에 부합하고, 앞으로 이러한 행동기준을 성실히 실천해 회사의 발전에 기여해 나가도록 하겠습니다.

자기소개서
Q&A

스펙이 빛나는 지원자가 있지만, 낮은 스펙으로도 빛나는 사람이 있습니다. 스펙이 빛나는 지원자에게 제가 항상 묻는 말이 있습니다. 첫 질문은 '스펙을 왜 쌓으려고 했는가'이고, 그다음 질문은 '스펙이 지원직무에 어떻게 활용될 것으로 생각하는가?'입니다. 대다수가 두 번째 질문에 대한 답변이 신통치 않습니다. 그 이유는 스펙을 쌓게 된 목적과 무엇을 얻으려고 했는지가 불분명하기 때문입니다.

신입사원이 되어 그 회사의 비전을 실현하기 위하여 할 수 있는 역할은 기본기에 충실함으로써 기업의 비전 실현에 기여하는 것입니다. 그러한 신입사원으로는 다음과 같습니다.

- 일의 목적을 명확히 하고 일을 추진하는 직원

- 대안을 제시할 수 있는 직원
- 시키지 않아도 알아서 일을 처리하는 적극적인 직원
- 주인의식을 가지고 내 일 남의 일 가리지 않고 챙기는 직원
- 일을 맡기면 어떻게든 해내려고 노력하는 직원
- 매사에 공과 사가 분명한 직원
- 균형 감각과 합리적 사고를 지닌 직원
- 윗사람을 깍듯이 대하는 직원
- 긍정적이고 직장 분위기를 밝게 하는 직원
- 고객가치의 창출을 위해 끊임없는 자기계발을 통한 전문성을 갖추는 직원

회사는 위와 같은 신입사원을 뽑고자 지원자에게 삶의 원칙_{가치, 신념, 직업관, 모토, 가훈 등}을 묻는 경우가 있습니다. 아래의 글을 읽어보고 취업을 준비하는 여러분 자신의 원칙을 세워보기 바랍니다.

- 실패는 끝이 아니지만 포기는 끝이다.
- 지금 현재의 위치에서, 내가 가지고 있는 것으로 빛나는 사람이 되자.
- 배움은 반성 속에서 찾는 것이지 후회 속에서 찾는 것이 아니다.
- 열정으로 무장하고 긍정으로 돌파하라.
- 어제의 일을 생각하는데 오늘을 낭비하지 마라.
- 누군가가 만들어 놓은 길을 그대로 따라가기보다는 그 안에서 새로운 길을 찾아라.
- 실패의 반대말은 성공이 아닙니다. 그것은 '시도하지 않았다'이다.
- 강인함 속에 유연함 이란 꽃이 피어난다.
- 친절은 절친이다. 고객의 입장에서 생각하는 마음이 고객과 절친해지는 첫걸음입니다.
- 고객을 한순간 단 한 번 만나는 사람으로 생각하여 최상의 서비스를 제공하라.

한편 강의를 통해 취업 준비생에게 자기소개서 작성이 어려운 이유가 무엇이냐고 물었습니다. 그랬더니 "'어떻게 쓰면 잘 읽힐 수 있을까에 대해 고민'과 '왜 지원했는가'에 대한 접근 방법, 회사의 인재상과 경험한 내용을 연결하기 어렵다고 말합니다.

이 얘기를 들은 필자는 그들에게 이런 얘기를 해줍니다. '자기소개서 항목에 대한 분석이 미흡하기 때문이다. 많은 지원자가 자기소개서 작성에만 관심을 두다 보니, 항목 분석을 하지 않고 글부터 쓰게 된다'고 말입니다.

또 필자는 취업 준비생이 합격한 지원자의 자기소개서를 읽어 보게 하고 나서의 반응을 보는데 대부분이 "군더더기가 없고 꾸밈없어 보입니다. 회사에 관심이 많은 것을 알겠습니다. 자기경험을 통해서 얻은 배움, 발전, 성장을 인재상 또는 역량과 잘 매칭한 것으로 보입니다. 입사하고 싶다는 마음이 절실한 것이 느껴집니다"고 합니다. 이처럼 '평가자가 원하는 답변'을 쓰기 위해서는 먼저 자기소개서 항목이 지원자로부터 요구하는 것이 무엇인지 분석해야 합니다.

영어에 '가능하게 하다_{making things possible}'라는 표현이 있습니다. '불가능에 도전하라'는 말을 들어본 경험이 있을 것입니다. 어떤 사람은 불가능에 왜 도전하는지 궁금할 것입니다. 필자는 그 의미를 '아직 가능케 하지 못했지만, 가능케 해보라'고 이해하고 있습니다. 예를 들면, 스펙이 낮다고 가정하겠습니다. 이때 '스펙이 낮을 데는 어떻게 하지?'라는 질문은 큰 도움이 되지 않습니다. 그러나 '낮은 스펙이 통하는 것이 가능한 방법은 무엇일까?'라는 질문은 큰 차이를 만들어 냅니다.

우리가 사는 이 시대는 협력을 요구하고 있습니다. 공자는 '똑똑한 사람은 자신의 능력으로 문제를 해결하고, 지혜로운 사람은 타인의 능력을 더해 문제를 해결한다'고 했습니다. 즉, 자신의 능력과 인맥의 능력을 더해 문제를 해결하는 사람이 진정한 능력 있는 사람이라고 생각합니다.

다음은 필자가 취업 관련 컨설팅을 하면서 자주 받는 질문에 대한 답변으로 취업 준비생의 고민을 들어주고 조언하면서 느낀 것들을 모아 보았습니다. 조언이란 해답을 주는 과정이라기보다는 좋은 질문을 함으로써 스스로 해답을 찾도록 하는 것으로 생각합니다. 이를 통해 효과적인 자기소개서 작성법을 알아보도록 합니다.

공채가 진행되고 있는 상황에서 지원자에게 가장 중요한 것은 무엇인가요?

가장 중요한 것은 '모르는 것 또는 가지고 있지 않은 것'으로 직무(회사)에 기여할 수 없다는 인식입니다. '알고 있는 것, 가진 것'으로 직무(회사)에 기여할 방법을 찾는 것이 핵심입니다. 전공지식에 부족하다고 느끼는 순간, 자신감이 없어지고 지원기업과 직무에 관한 관심이 떨어지게 됩니다. 회사도 마찬가지입니다. 대부분 경영자원을 충분히 갖추고 사업을 하지 않습니다. 경영자원은 늘 부족합니다. 따라서 '선택과 집중전략'을 수립하게 됩니다. 취업도 같은 맥락으로 이해할 수 있습니다.

'준비된 지원자' 임을 드러내는 데 필요한 것은 무엇입니까?

유의사항이 있습니다. '아직 능력은 부족하지만~' 이 표현은 준비가 부족하다는 말과 같은 뜻입니다. 기업은 준비된 사람을 선발하기 때문에 절대로 삼갈 표현입니다. 대신 '신입이기에 이러이러한 장점이 있습니다' 또는 이제까지 꾸준히 준비해온 내용을 설명하면서 지원직무에서 이러 이러한 기여할 수 있다는 확신을 보여주는 것이 중요합니다.

지원동기에서 회사에 관한 내용을 쓰게 되면 회사소개가 되어 버리고는 합니다. 쓰고 나서도, 뭔가 부족한 느낌이 듭니다.

‘내’ 스토리로 만들기 위해 다음과 같이 접근해 보세요. ‘회사를 이해’하는 지원자는 많습니다. 그러나 ‘고객이 바라보는 기업’을 알고 있는 지원자는 극히 드뭅니다. 마찬가지로 ‘상품’을 이해하는 지원자는 많습니다. 그러나 ‘고객이 바라보는 상품의 가치’가 무엇인지 알고 있는 지원자는 극히 드뭅니다. 지원자들은 고객이 있는 곳에서 고객과의 만남을 통해 ‘기업’과 ‘상품’에 대해 이해해야 합니다.

낮은 스펙을 어떻게 해야 합니까?

낮은 스펙에 대해 불안감을 가지고 있는 지원자가 많습니다. 이 상황에서 가장 필요한 것은 ‘가능케 해보는 것’입니다. 불안해한다고 해결된 문제는 아닌 것 같습니다.

대학생활에서 학점관리에 실패했습니다. 어떻게 해야 할지 모르겠습니다.

현재의 위치에서 가지고 있는 것을 최대한 활용하는 것이 핵심입니다. 학점에 관련하여 변명은 금물입니다. 인정하신 후, 자신이 가지고 있는 것을 깊이 들여다보고 큰 가치를 발견해 내서야 합니다. 모든 것에는 가치가 숨어있게 마련입니다.

도전과 관련된 자기소개서 항목이 있습니다. 제 경험으로 풀어내기가 어렵습니다

왜 도전하는가? 이 질문을 스스로 해보아야 합니다. 변화 속에서 기회를 찾는다는 말이 있습니다. 변화는 개인의 성장과 발전을 의미합니다. 변화에 도전하게 되면 개인의 성장과 발전을 이룰 수 있습니다. 이제까지의 도전에서 어떤 성찰을 통해 자기 성장과 발전을 이루었는지 진지한 고민이 필요합니다.

열정을 발휘했던 경험을 기술하라는 항목이 있습니다. 열정에 대해 한 말씀 부탁합니다.

그 무엇만을 말하고, 그 무엇만을 생각하고, 그 무엇만을 행하는 것, 그 무엇에 중독된 것, 그 무엇에 미쳐있는 것을 열정이라고 합니다.

한 기자가 뛰어난 마케터에게 질문합니다.

"뛰어난 마케터가 되기 위한 비결은 무엇입니까?"

"저는 '마케팅'에 집중합니다. 일하지 않을 때는 '마케팅'에 대해 말합니다. 말하지 않을 때는 '마케팅'에 대해 생각합니다."

일을 즐기려면 어떻게 해야 하나요?

'평생 하루도 일하지 않고 사는 방법'을 제시한 현자가 있습니다. 그는 일하지 않는 유일한 방법은 '일'을 '놀이'로 만들어 재미를 발견하는 것이라고 말했습니다. 바로 공자입니다. 재미있는 일을 찾을 것인가? 아니면 일에서 재미를 발견해 낼 것인가? 여러분의 선택입니다. 직무분석에서 가장 중요한 부분은 바로 재미를 발견하는 것입니다. 그 일은 반드시 여러분이 좋아하게 될 일입니다.

일이 중요한 이유는 무엇입니까?

첫째, 자기계발입니다. 자신의 재능을 계발하고 발휘할 기회를 제공하는 것입니다. 둘째, 상대방과의 관계형성입니다. 업무를 통해 가치를 창출하고 이로부터 조직과 사회에 기여하는 필요한 사람이라는 것을 인식하는 것일 것입니다.

인재란 어떤 사람입니까?

인재는 세 가지에 충실한 사람이라고 봅니다. 첫째, '날'을 날카롭게 세워야 합니다. 항상 최고의 날을 가슴속에 품어야 합니다. 둘째, '결'이 중요합니다. 변화의 흐름을 타고 미래를 볼 수 있어야 합니다. 마지막으로 '격'을 추구해야 합니다. 즉, '됨됨이'에 최고가 돼야 합니다. 원칙에 충실한 사람이 되어야 한다고 봅니다. 제가 자주 인용하는 말이 있습니다.

좋은 직업이란 어떤 직업입니까?

워런 버핏Warren Buffet이라는 투자가가 있습니다. 그가 정의하는 좋은 직업을 소개하면 다음과 같습니다.

'지금은 힘들어도 10년 후 좋아질 것 같은 회사 혹은 지금은 보수가 적지만 10년 후에는 열 배를 받게 될 것으로 기대되는 회사는 절대로 선택하지 마십시오. 지금 즐겁지 못하면 10년 후에도 마찬가지일 것입니다. 자신이 좋아하는 일을 할 수 있는 직업을 선택하십시오. 10년 후 부자가 되더라도 선택하고 싶은 직업, 그런 직업을 선택하십시오.'

직장생활에서 중요한 것은 무엇입니까?

직장생활에서 가장 중요한 일은 '오늘 하루를 가치 있게 보내는 일, 나의 성장에 성심을 다하는 일, 고객 또는 함께 일하는 사람에게 도움이 되는 일에 최선을 다하는 일'이라고 생각합니다.

차별화되는 포인트를 찾기가 어렵습니다. 조언을 부탁합니다.

일반인들은 평범함 속에서 평범한 것을 발견하는 반면에 평범함 속에서 뛰어난 가치를 발견하는 사람이 있습니다. 일반인들은 평범한 일을 평범한 방법으로 수행하는 반면에 평범한 일을 뛰어난 방법으로 수행하는 사람이 있습니다. 일반인들은 자신이 재능이 없다고 믿는 반면에 재능은 평범함을 단련하는 데 있다고 믿는 사람이 있습니다. 일반인들은 자기를 찾는데 힘쓰는 반면에 자기를 만드는데 힘쓰는 사람이 있습니다. 일반인들은 사물을 이해하려고 노력하는 반면에 사물과 소통하려고 노력하는 사람이 있습니다.

자기소개서에서 자꾸 떨어집니다. 어떻게 해야 합니까?

> 서류전형에서 탈락한다는 의미는 개선점이 필요하다는 신호로 이해하고, 이를 찾아 보완해야 합니다. 지원자 대부분이 간과하는 부분입니다. 아래의 합격 후기에서 아이디어를 얻도록 하세요.

[합격 후기]

저는 학점 3.13, TOEIC 815, 산업안전기사, 위험물산업기사, 컴퓨터활용능력 2급을 갖추었습니다. 학점이 낮다고 좌절하기보단 직무를 알고 그 직무에 필요한 사람이 되는 것이 합격한 비결인 것 같습니다. 그동안 많은 면접에서 떨어지면서 좌절도 하고 힘든 시기도 겪었습니다. 그러던 중 교수님의 말씀도 큰 도움이 되었고, 그 후로 제가 떨어진 이유를 분석한 결과가 다음과 같았습니다.

- 제가 지원하는 직무에 대해서 정확히 몰랐습니다.
- 회사가 뽑고자 하는 인재상을 몰랐습니다.
- 제일 중요한 건 회사 내부 정보가 부족했습니다.
- 여유가 없었습니다.

이런 부족한 점을 깨닫고 저를 한 단계 한 단계 발전시키며 작은 회사 면접에도 적극 임하여 경험을 쌓았습니다.

- 두산, CJ 등 많은 대기업 채용사이트에는 직무를 소개한 게시판이 있습니다. 제가 원하는 생산관리, 제조기술 등에 대한 직무를 파악하고 간단하게 간추려 프린트하였습니다. 또한, 자기소개서에 생산기획, 원자재 관리, 신제품 개발, 대인관계 능력에 관련된 제 경험을 맞춰 적었습니다. 그 결과 면접에서 직무에 대해 물어보면 정확하게 대답하였고 이에 만족해하셨습니다.

- 인재상에 맞춰 사소한 제 경험을 적고 스토리를 짰습니다. 예를 들어, 창의성이 인재상이라면 야구부 동아리 시절 출석부를 만들어 기존의 시스템을 변화시켰다. 출석부는 창의적이진 않지만 작은 변화를 통해 팀의 시스템을 바꾸는 것은 창의적이었다 등.

- 회사의 정보를 알기 위해 노력했습니다. 인터넷에 회사를 검색하면 뉴스 기사를 볼 수 있습니다. 저는 2000년도 뉴스부터 최근 기사까지 정독한 후 노트에 월 단위로 기록하고 큰 사건에 대해서 간추렸습니다. 과거를 알면 미래를 알 수 있듯이 회사의 정보는 면접에서 큰 도움이 되었습니다.

- 스터디를 통해 꾸준히 모의면접을 하였고 작은 회사에도 면접에 참여하며 자신감을 길렀습니다. 이런 노력을 통해 면접에서 가장 어울리는 저의 목소리 톤을 찾을 수 있었고 받았던 질문을 정리하여 항상 노트했습니다.

마지막으로 교수님께서 제게 하셨던 말씀 중 학점이 남들보다 부족하면 전공으로 밀고 나가야 한다는 말처럼 전공에 관련된 최신 뉴스와 기사, 그동안 학교에서 배웠던 지식을 정리하여 면접 전 항상 정독했습니다. 전공면접 중에서 그동안 봤던 신소재 관련 전공자 중 가장 잘했다는 말을 들었고 "어떻게 최신기사까지 알고 있느냐?"는 말과 함께 "학부생이 맞느냐?"라는 말까지 들었습니다.

직무
분석

직무에 대한 철저한 이해는 구직을 위해 반드시 극복해야 할 과제입니다. 직무가 중요한 이유는 다음과 같습니다.

첫째, 직무에 대한 명확한 이해 없이 자기소개서 작성 방향을 세우기 어렵습니다. 둘째, 직무에 대한 이해가 높을수록 직무와의 연관성을 쉽게 찾을 수 있고, 직무를 잘 수행할 수 있는 준비된 지원자라는 인상을 줄 수 있습니다. 셋째, 자기소개서와 면접준비 시간이 줄어들게 됩니다.

이 장에서는 CJ그룹에서 이야기하는 총 일곱 개의 직무가 소개되어 있습니다. 비록 CJ그룹에 국한돼서 이야기하는 것이지만, 아무쪼록 지원하는 직무에 대해 조금이나마 이해를 할 수 있기를 기대합니다.

전략기획

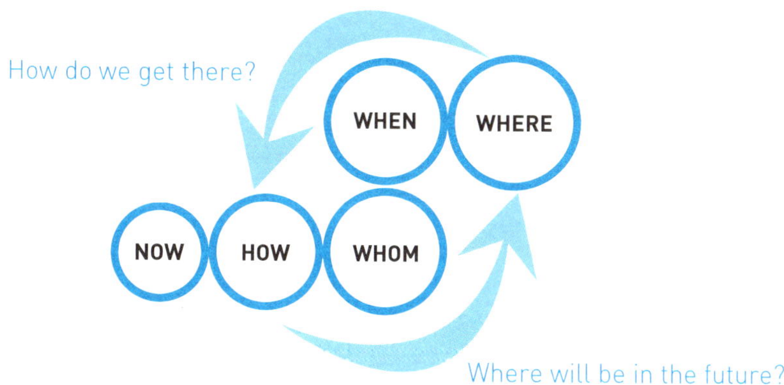

Business Plan

기획이란 위 그림과 같이 현재Now의 냉철한 분석을 통해 도달하고자 하는 비전Where을 언제까지, 누구와, 어떻게 성취할 것인지를 명확히 하는 것을 의미합니다. 어떤 면에서 보면 자기소개서는 자신의 미래상에 대한 기획서라고 말할 수 있습니다.

● 목적

회사의 비전 달성과 경영성과의 극대화를 위한 전략적 방향을 제시하는 것을 목적으로 합니다.

● 직무역량과 주요 업무

(1) 의사소통 및 대인관계

경영전략을 효과적으로 전달하고 자신의 의견을 조직 내·외부에 설득력 있게 개진하여, 이를 관철할 수 있도록 원만한 대인관계와 논리정연한 문장구사 능력, 의사소통기술, 설득력, 추진력, 통솔력이 필요합니다.

(2) 기획력과 분석력

경영환경분석, 비전수립, 경영전략수립관리, 사업계획 및 성과분석, 신규사업 검토·기획 등 업무 특성상 관리회게, 전략 업무, 정보조사분석 등의 전반적인 지식과 기술이 요구됩니다. 이는 전체 숲을 보면서 동시에 나무를 파악할 줄 알아야 하는 능력이 요구되는 업무입니다.

(3) 통찰력과 창의력

사업 분야에 대한 통찰력을 갖추고, 경영패러다임 및 환경변화에 대한 인식을 바탕으로 사업을 유기체적으로 이해하고 수익성을 제고할 수 있는 비즈니스 마인드를 가져야 하며, 새로운 변화를 시도할 수 있는 창의력도 요구됩니다.

○ 직무 비전

전략기획은 전사적 관점에서 기업의 가치를 최대한 창출할 수 있도록 각 사업부문 운영 파트너와 함께 사업기획, 전략수립, 실행 유무 등을 점검하고 검토하는 업무를 수행하는 부서입니다. 따라서 회사 내의 모든 가치 체인_{Value Chain, 고객에 대한 제품이나 서비스 창출 및 관리를 원활히 수행하는 기업 소속 직원의 그룹으로 마케팅, 회계 및 기타 기업 내의 부속 서비스를 담당하는 사람들로 구성된다} 별로 영역을 경험하고 향후 경영관리자 혹은 전략가로서 성장할 수 있는 역량을 키울 수 있습니다.

인사

● 목적

조직의 경영목표와 전략에 맞는 인재를 채용하고 배치한 후 교육, 보상 등을 제공함으로써 조직의 목표달성을 목적으로 합니다.

● 직무역량 및 주요 업무

(1) 동기부여

우수 인력을 확보하고 유지하는 역할을 수행하고, 임직원들이 즐겁게 일할 수 있는 직장문화입니다. 임직원에게는 공정한 성과평가가 이루어질 수 있도록 합리적인 틀을 제시하고 이에 상응하는 보상시스템을 구축하여 직원의 경력계발 통로를 제공함으로써 개개인이 비전을 갖출 수 있도록 합니다.

(2) 존중과 배려

직원들의 다양한 생각과 의견을 수용할 수 있는 폭넓은 사고력 및 수용성을 항상 견지하고 있어야 하며 열정·창의·정직이라는 CJ그룹의 핵심가치를 기반으로 하는 가치실천을 지원할 수 있는 역량이 필요합니다. 또한, 조직 운영상 발생하는 수많은 커뮤니케이션을 원활히 할 수 있는 의사소통능력을 요구합니다.

(3) 변화 주도 리더십, 문제해결능력

회사 조직이 정체되지 않고 지속적인 성장과 발전을 추구할 수 있도록 변화 관리하는 역할로, 조직의 변화를 앞서 이끌어 갈 수 있는 리더십과 조직 내에서 발생하는 이슈를 정확히 분석, 파악하여 올바른 방향으로 제시할 수 있는 문제분석 및 해결능력이 필요합니다.

(4) 전문성

채용, 평가보상, 조직문화관리, 인력운영 등 인사 업무에 필요한 지식이 요구됩니다.

● **직무 비전** 최고로 인정받는 인사부문 전문가

우선 인재의 확보와 유지, 육성 등 인사관리의 전문성 계발을 통해 최고로 인정받는 인사부문 전문가로서 경력 경로를 설계합니다. 다음으로 경영관리의 중요한 부분을 차지하는 인사부문에 대한 이해를 통해 유능한 경영자로서 경력 설계가 가능합니다.

재무

● **목적**

최고 경영층이 적시에 최적의 의사결정을 내릴 수 있도록 재무정보를 제공하는 것을 목적으로 합니다.

(1) Finance, Accounting/Tax, 전문지식 및 데이터에 근거한 재무 관련 분석, 기획, 대외 커뮤니케이션 및 리스크관리 등의 업무를 수행하여 지원하는 역할을 하고 있습니다.

(2) 재경부문 업무의 원활힌 수행을 위해서는 회계, 세무, 재무관리에 대한 기초지식과 회사의 재무정책을 수립하고 실행하기 위해 경제 전반에 관한 관심 및 이해가 필수입니다. Analytical Skill 및 Planning & Presentation Skill, 외국어 구사능력이 필요합니다.

(3) 이러한 기초지식을 활용하여 기업의 재무제표를 분석하고 적정 재무구조를 기획하는 등 대내외적으로 커뮤니케이션을 하는 업무를 수행합니다.

다양한 재무적 이슈에 대한 경험을 통해 많은 실무를 경험하여 전문성, 다양한 인적네트워크, 폭넓은 시야를 통해 회계 및 세무부문에서 원가회계, 재무회계, 세무 업무의 능력을 배양하고, 자금부문에서 국내외 조달 및 리스크 매니지먼트Risk Management 업무를 수행하게 됩니다.

목적

생산에서 필요로 하는 자재를 적기·적가에 공급하여 생산성 향상과 원가 절감에 기여하는 것을 목적으로 합니다.

직무역량과 주요 업무

구매부서는 신규 공급사를 발굴·선정하고, 협상 및 가격확정, 구매조건을 결정하는 주 업무와 대금지급관리, 입출고관리, 자재관리 등의 지원업무를 담당합니다. 기타 산업분석, 원가분석 업무도 담당합니다.

(1) 경영학 마인드와 글로벌 마인드

원가를 낮추고, 회사의 이윤을 확보하기 위해 관리 회계적인 지식이 중요합니다. 외자 업무는 수입물품관리, 수입절차지원, 국외송금 및 보험관리, 국제거래에 따른 금전적 손해를 방지하는 업무 등 국외구매에 따른 사후관리 업무를 수행합니다.

(2) 의사소통능력

협력회사 및 유관부서의 다리가 되는 커뮤니케이터Communicator로서 협력회사에는 회사의 대표로, 사내에서는 협력회사의 대표로 의사소통을 담당합니다. 글로벌소싱을 위한 외국어 능력이 필요합니다.

(3) 구매계획, 구매활동, 공급업체관리

- 생산에 필요한 원/부자재에 대해 자재가격, 공급업체 동향 등 시장조사를 합니다.

- 상품의 목표원가와 자재품목별 구매단가를 설정하여 자재의 수급과 운용 계획을 수립하는데, 필요 자재를 적절한 시기에 경쟁력 있는 가격으로 구매하는 것을 목표로 합니다.

- 자재 구매처를 다원화하여 구매단가를 낮추고, 공급업체의 문제발생 시 내체방안을 마련합니다.

- 업체 실사를 통해 평가하고 점검하며, 지도 · 육성방안을 검토하는 등 자재 품질을 높이기 위한 제반활동을 수행합니다.

(4) 자재관리 회사에 따라 구매부서와는 별도의 조직으로 운영될 수 있음

구매한 자재의 입출고 내역을 관리합니다. 입고된 자재는 품질부서와 협업하거나 자체적으로 검수활동을 시행합니다. 검수가 끝난 자재는 자재창고에 보관하고 생산부서가 필요로 하는 적시에 자재를 공급합니다. 필요자재의 재고 부족 시 즉시 구매하여 항시 적정재고를 유지합니다.

● 직무 비전

내자뿐만 아니라 외자 업무도 많아서 수입통관과 무역영어를 배울 기회가 많습니다. 기업의 글로벌시장 진출에 따라, 외국 파견근무의 기회도 주어져 글로벌 역량을 향상할 수 있습니다.

목적

회사의 수익을 창출하고, 외국시장 개척을 목적으로 합니다.

직무역량과 주요 업무

(1) 대인관계 및 의사소통능력

대외적으로 외국 거래관리 및 신규시장을 개척하고, 회사 내에서는 마케팅 부서, 생산·상품개발, 연구개발부서와 교류가 많습니다. 따라서 대인관계 및 의사소통능력이 요구됩니다.

(2) 열린 마음과 유연성

현지 거래처 및 파트너의 다양한 생각, 의견을 수용할 수 있는 열린 마음과 유연함을 갖추어야 하며, 회사와 거래처 사이의 가교 역할로 커뮤니케이션에서 신중하고 치밀한 능력을 갖추어야 합니다.

(3) 추진력과 협상력

단순무역이나 수출 업무처리가 아닌 외국 현지의 사업가 및 개척자 역할을 수행하기 위해서는 그 나라의 이해를 바탕으로 상품을 소개하고 판매를 이끌어 내는 추진력이 필요합니다. 또한, 다양한 거래처들의 생각과 조직의 이슈들을 분석·파악하여 이에 대한 해결책을 이끌어내고 거래를 성사시키는 협상력이 필요로 합니다.

(4) 글로벌 역량 외국어능력 및 비즈니스 마인드

현지 국가에 해당하는 능숙한 의사소통능력과 소비자, 거래처를 기반으로 한 폭넓은 분석력, 사고능력이 필요합니다. 또한, 외국시장 정보와 국내외 경쟁사 동향을 파악하고, 시장별 수요를 분석하고 예측합니다.

○ 직무 비전

국내 및 외국시장에 대한 높은 이해도, 다양한 국가에서 비즈니스 경험, 거시적인 시각, 국제적인 사고능력을 바탕으로 국외영업 전문가로 성장할 기회가 주어집니다.

마케팅

○ 목적

마케팅이란 소비자를 잘 이해하여 제품이나 서비스에 대한 고객의 요구needs를 창조하고, 이를 충족시킴으로써 자발적인 구매가 이루어지도록 하는 것을 목적으로 합니다.

마케팅전략_{환경요인/소비자-경쟁사-자사/SWOT 분석/STP/4P Mix 등}을 수립하고, 새로운 상품을 기획 · 개발하여 회사의 매출신장과 수익률 제고에 기여하는 역할을 합니다. 이를 위한 주요 업무로 시장조사 · 분석, 마케팅전략수립, 마케팅활동 및 성과관리 등의 업무를 수행합니다.

(1) 의사소통 및 대인관계

수립한 마케팅전략을 토대로 그 전략을 실현하기 위한 마케팅 활동계획_{Action Plan}을 수립합니다. 또한, 관련 부서와 협업하여 마케팅활동이 원활히 전개될 수 있도록 조정 · 지원합니다. 특히 시장에서 실제로 마케팅활동이 효과적으로 실행될 수 있도록 영업부서와 지속해서 협의하고 지원합니다.

(2) 분석력 및 기획력

- 시장에서 고객의 요구와 트렌드를 조사하고 이를 바탕으로 수요를 분석, 예측합니다.

- 경쟁사 및 경쟁상품의 동향을 파악하고, 자사의 전략과 상품에 있어 경쟁우위와 차별화 요소를 분석합니다.

- 시장분석 자료를 바탕으로 고객만족과 판매와 브랜드가치를 극대화할 수 있는 마케팅 믹스전략_{4P전략}을 수립합니다.

- 이러한 마케팅활동을 전개한 후에는 비용대비 효과측정을 포함한 종합적인 성과를 분석하여 향후 마케팅전략에 반영합니다.

○ 직무 비전

영업, 연구개발, 생산관리, 품질 등 유관부서와 업무를 진행하고 리드하는 운영주체로써 사업의 이해도가 가장 높은 직무입니다. 이를 바탕으로 사업운영에 대한 탁월한 능력을 키울 수 있고, 더불어 소비자 행동에 기반을 둔 전략수립의 토대를 마련할 수 있기에 어떠한 사업을 맡아도 운영할 수 있는 스페셜리스트로 성장할 수 있습니다.

MD

○ 목적

상품과 소비자에게 가치를 창조하여, 기업의 매출과 이익창출에 기여하는 것을 목적으로 합니다.

○ 직무역량과 주요 업무

고객의 충족되지 않은 요구와 트렌드를 반영한 상품을 기획, 개발하여 고객에게 편익과 가치를 제공하는 업무를 수행하며 이를 통해 성과를 창출하는 직무입니다.

(1) 의사소통 및 대인관계

MD는 우수한 상품을 제공할 수 있는 협력회사 발굴과 협력관계 유지가 중요한 업무 중 하나입니다.

(2) 예리한 안목과 센스

시장 및 고객의 요구, 트렌드 파악을 위해 예리한 안목과 센스가 필요합니다.

(3) 분석력, 기획력 및 통찰력

MD는 영업활동을 통해 회사와 협력사의 손익에 중대한 영향을 미치는 위치에 있습니다. 또한, 상품을 개발하고, 라이프사이클을 관리하며, 타이밍에 맞는 판단을 하게 됩니다. 기초사업 수익성의 분석뿐만 아니라 고객과 상품에 대한 정보를 수집, 분석, 해석, 판단할 수 있어야 합니다.

(4) 글로벌 마인드

각종 매체와 소비자 요구에 발 빠른 대응을 위해 국내뿐 아니라 외국의 우수 상품에 대한 빠른 접근이 필요합니다. 이를 위해 국외 박람회 참관 및 인터넷 등을 통한 정보습득이 필요하며 외국어능력이 요구됩니다.

● 직무 비전

MD는 고객과 상품의 가치를 창조하는 다양한 활동을 통하여 조직의 성장과 더불어 개인의 발전을 꾀할 수 있으며, 다양한 상품 카테고리에서 새로운 시장을 창출하고 확대함으로써 상품지식과 마케팅 지식을 갖춘 전문가로 성장할 수 있습니다.

자기소개서 작성 시 헤드라인을 짓는 데 도움이 되는 글

극복, 대인관계, 시간, 아름다움, 우정, 의사소통, 인격, 인생, 일, 지혜, 탁월함, 행복을 주제로 한 명언들을 통해 자기소개서 헤드라인 작성에 도움이 되길 바랍니다. 또한, 이것은 자기소개서 항목 및 면접질문의 의도를 파악하는데도 많은 도움이 될 것입니다.

◯ 극복

가장 높은 곳에 오르기 위해 가장 낮은 곳부터 시작하라.

걱정과 근심에 대처하는 최선의 방법은 그것들을 이겨내는 것이다.

고난과 역경은 인생의 가장 위대한 스승이다. 그것들로부터 참된 가치를 배워라.

길과 희망의 공통점은 모두 개척된다는 것이다.

단점을 꽃 피울 수 있는 유일한 방법은 어두운 곳에 감추는 데 있는 것이 아니라 밝은 곳에 드러내는 것이다. 그러면 그 꽃을 피울 수 있다.

두려움 없는 사람이 가장 빨리 정상에 오른다.

만약 오늘 당신이 걷지 않는다면 내일은 뛰고, 모레는 날아야만 한다.

매일 맑은 날만 계속된다면 이 세상은 사막이 되었을 것이다.

뭔가를 배울 수 있는 실수들은 가능하면 일찍 저질러 보는 것이 이득이다.

반대와 비난을 두려워 마라. 연은 바람을 타고 비상하는 게 아니라 바람과 부딪치며 하늘로 오른다는 사실을 기억하라.

- 사물에 도전하지 말고 자신의 한계에 도전하라.

- 세상에서 가장 위험한 것은 적당히 안주하는 일이다.

- 숫자를 셀 때 우리는 늘 하나부터 시작한다. 하지만 숫자의 처음은 늘 0부터 시작한다.

- 실패를 낳아야 그 실패가 성공을 낳는다.

- 어딘가를 가장 빨리 가는 방법은 멈추지 않고 가는 것이다.

- 우리가 두려워하는 유일한 것은 두려움 그 자체이다.

- 우리가 오르는 길이 험난한 가시밭길이라도, 절벽이 아니기에 그 길을 헤쳐나갈 수 있다.

- 우리의 삶은 패배할 때 끝나는 것이 아니라 포기할 때 끝나는 것이다.

- 위기를 대처하는 최선의 방법은 위기를 기회로 극복하는 것이다.

- 위험을 굴복시키는 유일한 방법은 위험을 감수하는 것이다.

- 인내가 없는 사람은 지혜가 없는 사람이다.

- 좌절의 그림자는 어둡지만, 고개를 돌리면 빛이 보인다.

- 지름길을 가지 말고 옳은 길을 가라. 지름길은 흔히 낭패로 이어진다.

- 진정한 지름길이란 아무도 가기를 두려워하는 가시밭길이다.

- 하루 중 가장 어두운 때는 동트기 직전이다. 인생에서 가장 어두운 때는 가장 밝기 직전이다.

● 대인관계

- 건강한 사람은 마음이 깨끗하고 순수하며 가슴이 따스한 사람이다.

◉ 고객의 이익보다 자신의 이익에 더 밝은 사람이 많다.

◉ 기쁨을 주는 사람만이 더 많은 기쁨을 즐길 수 있다.

◉ 돈을 잃은 사람은 많은 것을 잃은 사람이지만, 신뢰를 잃은 사람은 모든 것을 잃은 사람이다.

◉ 별 볼 일 없는데도 끌리는 사람과 어울려라. 그 사람이 위대한 사람이다.

◉ 신뢰는 구축하는 것 못지않게 유지하는 것이 중요하다.

◉ 신뢰란 겸손함으로 상대방의 말을 경청한 산물이다.

◉ 원칙을 가진 예측 가능한 사람만이 신뢰감을 줄 수 있다.

◉ 자기 신뢰는 성공의 제1의 법칙이다.

◉ 진심으로 사람을 존중한다면, 그 사람의 가치를 본받아라.

◉ 편견과 선입관은 마음의 눈과 마음의 귀를 가린다.

◉ 화가 나면 그 결과를 생각해 보라.

◉ 시간

◉ 과거로부터 배우고 현재에 충실하여 미래를 대비하자.

◉ 과거와 현재는 미래의 예언서이다.

◉ 내일의 모든 꽃은 오늘의 씨앗에 근거한 것이다.

◉ 당신이 모든 걸 잃었다고 생각될 때 미래가 남아있다는 걸 기억하라.

◉ 미래에 관한 한 우리가 할 일은 예견하는 것이 아니라 그것을 가능케 하는 것이다.

◉ 잃어버린 날이란 가치 있는 행동을 하지 않은 날이다.

진정한 반성이란 돌이켜 보고, 배워서, 똑바로 행동하는 것이다.

흘러가는 시간을 통제할 수는 없지만, 잘 활용하여 낭비를 줄일 수는 있다.

잘못을 수치스러워하지 말고, 잘못을 인정하지 않는 것을 수치스러워하라.

아름다움

세상에서 가장 아름다운 것은 세상 그 자체이다. 아름답지 못한 사람이 세상을 아름답지 못하게 만들 뿐이다.

아름다운 모든 것이 선하지 않지만, 선한 모든 것은 아름답다.

왕비가 백설공주를 미워한 이유는 백설공주가 예뻐서가 아니라 거울에 대한 배신감 때문이다.

진정한 아름다움은 아름다운 마음의 눈으로 만 볼 수 있다.

우정

참된 우정은 건강과 같다. 즉, 그것을 잃기 전까지는 우정의 참된 가치를 절대 깨닫지 못한다.

진실한 친구는 당신이 자신에 대한 사랑을 잊고 있을 때, 당신을 사랑해 주는 사람이다.

친구는 내가 다른 곳을 보고 있을 때 나를 지켜봐 주는 것이다.

친구란 두 사람의 신체에 사는 하나의 영혼이다.

친구를 얻는 유일한 방법은 스스로 완전한 친구가 되는 것이다.

가장 힘 있는 말은 공손하고, 다정하고 조용한 말이다.

🔵 의사소통

- 내가 알고 있는 의사소통의 신은 귀신이다.

- 말도 생각도 일종의 행동이다. 말과 생각에 신중하라.

- 말은 가슴에서 나오지 않으면, 모음과 자음에 불과하다.

- 말이 입힌 상처는 칼이 입힌 상처보다 깊다.

- 사람은 생각하는 것이 적으면 적을수록 말이 많아진다.

- 사람이 사람을 헤아릴 수 있는 것은 눈도, 귀도, 지성도 아니다. 오직 가슴과 진심뿐이다.

- 입이 가벼운 사람은 생각도 가볍다. 생각이 무거운 사람은 입도 무겁다.

- 조언이란 벌꿀처럼 달콤한 이야기가 아니라 벌침처럼 쓰라린 이야기다.

🔵 인격

- 가난한 사람은 꿈과 희망이 없는 사람이다. 세상에서 가장 가난한 사람은 가슴에 마음과 영혼이 없는 죽은 사람이다.

- 가장 아름다운 향기는 인격의 향기이다.

- 공손이란 가장 친절한 방법으로 가장 친절한 것을 향하고 말하는 것이다.

- 나라를 다스리는 왕이 되기보다 자신을 다스리는 왕이 되라.

- 말하자마자 행동하는 사람이 가치 있는 사람이다.

- 모범은 시각장애인도 읽을 수 있고 청각장애인도 볼 수 있다.

- 사람이 가진 최고의 자산은 인격과 시간이다.

- 사람이 책을 만들지만 사람을 만드는 것은 책이다.

ⓢ 어리석은 짓을 삼가는 것이 지혜의 시작이다.

ⓢ 인격과 철은 만들어지는 게 아니라 담금질 되어야만 가치로 인정받는다.

ⓢ 인격은 인간만이 뿜어내는 꽃향기와 같다.

ⓢ 인격의 진정한 의미는 우리가 가진 가치의 높이, 배려의 넓이, 열정의 깊이, 그리고 인내심의 길이에 달려 있다.

ⓢ 패배를 극복하는 법을 배울 때 인격이 향상된다.

🔵 인생

ⓢ 가장 훌륭하며 배우기 어려운 기술은 세상을 살아가는 기술이다.

ⓢ 가치 있게 보낸 시간만이 낭비되지 않은 시간이다.

ⓢ 목표가 보이면 장애물도 겁나지 않는다.

ⓢ 삶은 수명의 길이에 있는 게 아니라 가슴 벅찬 순간의 크기에 달려있다.

ⓢ 삶은 후회 없는 죽음을 위한 준비과정일 수도 있다.

ⓢ 세상에서 가장 중요한 일은 배우는일, 사랑하는 일, 가치를 추구하는 일이다.

ⓢ 우리는 추억, 꿈, 희망, 그리고 사랑으로 산다.

ⓢ 의미 없는 삶이란 사랑, 진리, 원칙, 목적, 그리고 미덕을 추구하지 않는 삶이다.

ⓢ 인생의 목적은 목적을 가지고 삶을 사는 데 있다.

ⓢ 인생의 참 맛이란 눈물을 흘리면서 먹는 빵 맛이다.

ⓢ 키가 큰 사람이 멀리 보는 것이 아니라 비전을 가진 사람이 멀리 본다.

◉ 타인을 변화시키는 유일한 방법은 모범을 보이는 것이다.

◉ 행복하게 산다는 것은 마음의 평온함을 의미한다.

⦿ 일

◉ 그대가 서 있는 곳에서, 그대가 가진 것으로, 그대가 할 수 있는 최선의 일을 하라.

◉ 너 자신을 누구에겐가 필요한 존재로 만들라. 그렇지 않으면 타인의 인생을 고되게 만든다.

◉ 당신이 일을 리드하지 않으면, 일이 당신을 리드하게 된다.

◉ 많은 사람이 충고를 받지만, 오직 현명한 자만이 충고의 이득을 얻는다.

◉ 삶에서 발생하는 많은 문제를 해결해 주는 유일한 솔루션은 일을 하는 것이다.

◉ 쓴맛을 보기 전에 단맛을 보아서는 절대 안 된다.

◉ 어떤 벽을 없애려 하기 전에 먼저 그것이 왜 거기 있었는지를 이해해야 한다.

◉ 원인은 숨겨지지만 결과는 잘 알려진다.

◉ 일을 잘하는 최선의 방법은 일의 목적에 충실한 것이다.

◉ 일의 기량을 닦기 위해서 가장 중요한 것은 실행과 경험과 교훈이다.

◉ 재능과 능력은 근육과 같다. 사용할수록 단련된다.

◉ 전쟁의 목적은 이기는 것이 아니라 싸우지 않고 이기는 것이다. 그렇지 않으면 모두 패자가 된다.

◉ 짧은 충고는 약이 되지만, 긴 충고는 잔소리가 된다.

◉ 책임을 다른 사람들과 나누어 가질 수 없다.

◉ 최악의 습관은 우유부단함이다.

◉ 험담은 험담하는 사람, 험담을 듣는 사람, 그리고 험담의 대상자 모두를 죽인다.

● 지혜

◉ 가슴, 마음, 영혼이 젊은 사람은 언제나 청춘이다.

◉ 가장 지혜로운 사람과 가장 어리석은 사람만이 영원히 변하지 않는다.

◉ 가장 훌륭한 예언은 지혜의 말씀이다.

◉ 경험은 지혜를 꽃 피운다.

◉ 기회는 찾아오지 않는다. 기회는 준비를 통해 만들어질 뿐이다.

◉ 기회와 지혜는 귀담아듣는 사람에게 조용히 찾아온다.

◉ 배운 사람은 지혜와 통찰력을 자산으로 가진다. 배우지 못한 사람은 편견과 선입관을 자산으로 가진다.

◉ 생각은 씨앗이고 말은 꽃봉오리이며 행동은 그 뒤에 있는 열매이다.

◉ 슬픔은 스승이고 지식이고 그 자체가 약이다.

◉ 위대한 모든 사람도 무능과 결함에서 출발한다.

◉ 학식이 많은 사람보다는 경험이 많은 사람을 존경하라.

◉ 훌륭한 질문보다 값진 선물은 없다.

○ 탁월함

- 사소한 것을 뛰어난 방법으로 해내는 것이 큰 성공이다.

- 어떤 일을 더 바르게, 더 훌륭하게 하려고 노력할 때 그 노력은 창조적인 활동이 된다.

- 존재하는 모든 위대한 것은 독창력의 열매이다.

- 창조적인 디자인은 단순함을 추구한다.

- 평범한 사람은 특별한 것에 관심이 있고, 특별한 사람은 평범한 것에 관심이 있다.

- 말만 하고 행동하지 않는 사람의 미래는 환상에 지나지 않는다.

○ 행복

- 가장 행복한 삶은 가장 재미있는 생각으로 충만한 삶이다.

- 진정한 자신의 진가를 깨달을 때 스스로 만족할 수 있다.

- 행복은 손에 잡고 있는 동안에는 작게 보이지만, 놓치고 나면 그것이 얼마나 크고 귀중한가를 알게 된다.

- 행복을 원하면 즐거워하는 법부터 배워라.

인문학적 성찰 중심의 인성면접

'내 인생의 꿈과 목표는 무엇인가?' '어떤 직업을 선택하고 무엇을 위해 일할 것인가?' '어디에 내 열정과 집념을 쏟을 것인가?'라는 세 가지 질문에 대한 답변을 반드시 준비할 것을 이야기합니다.

다시 말하면 인성면접을 단순한 채용전형으로 이해하는 것에서 그치지 말고, 살아온 인생에 대한 성찰 과정으로 인식하고 앞으로의 미래를 설계하는 기회로 활용하는 것이 중요합니다.

Chapter **2**

인문학적 성찰 중심의 인성면접이란 무엇인가

인성면접은 '현재의 위치에서 자신이 갖추고 있는 것으로 지원회사에 어떻게 기여할 것인지'를 전달하는 기회의 장을 의미합니다. 이를 위해 크게 세 가지가 중요합니다.

- 진정한 자신을 이해하기 위해 자신을 되돌아보는 성찰이 반드시 필요합니다.
- 자기성찰을 통해 현재 자신의 위치와 강점, 그리고 보완점을 발견하는 것입니다.
- 자신의 강점과 성찰을 통해 얻은 교훈이 지원 분야에서 어떻게 기여될 수 있는가를 구체적인 사례를 통해 면접위원에게 보여주는 것입니다.

필자는 인성면접을 준비하는 지원자에게 인생의 방향과 목표를 정하라고 강조합니다. 또한, '내 인생의 꿈과 목표는 무엇인가?' '어떤 직업을 선택하고 무엇을 위해 일할 것인가?' '어디에 내 열정과 집념을 쏟을 것인가?'라는 세 가지 질문에 대한 답변을 반드시 준비할 것을 이야기합니다.

다시 말하면 인성면접을 단순한 채용전형으로 이해하는 것에서 그치지 말고, 살아온 인생에 대한 성찰 과정으로 인식하고 앞으로의 미래를 설계하는 기회로 활용하는 것이 중요합니다.

인성면접이란 면접위원과 지원자 사이의 대화, 즉 '사람 간의 커뮤니케이션'이라는 기본 틀을 가지고 있습니다. 일부 지원자들은 자신이 준비한 것 또는 자신의 장점을 보여주려는 데에 집착한 나머지 면접위원의 질문의도나 목적에 들어맞는 답변을 하지 못하는 경우를 자주 보게 됩니다. 무엇보다 중요한 점은 면접위원이 '무엇'을 '왜' 묻는지를 명확히 파악해야 '원하는 답변'을 전달할 수 있습니다. 면접위원은 '간결하면서도 의미 있는 답'을 원합니다. 간결하게 결론을 먼저 전달하고 필요한 설명을 이어나가는 것이 효과적입니다.

지원자 대부분은 자신만의 약점을 가지고 있습니다. 자격증이 없거나 어학 성적이 낮은 경우가 대표적입니다. 면접에 임하는 마음가짐은 약점을 극복하기 위해 치열하게 노력해 왔다는 흔적을 보여주는 것입니다. 예를 들면, "영어는 활용능력이 중요하다고 생각해서 영어 인터뷰 준비를 착실히 해왔습니다. 영어 인터뷰만큼은 누구보다 자신 있습니다"라는 당당하고 자신감 있는 모습을 보여주는 것이 평가위원의 관심을 끌게 됩니다.

[사례 1] 바둑은 국외영업에서 업무수행 시 어떤 도움이 될 것으로 생각하세요?

제가 바둑을 둘 때, 전체를 보지 못하고 부분의 이익에만 집착하다가 패한 적이 많았습니다. 바둑에서 중요한 것은 좀 더 큰 안목을 가지고 더 멀리 보는 것입니다. 제가 지원한 국외영업도 마찬가지입니다. 장기적 안목으로 외국 거래처의 신뢰를 얻을 수 있다면 그게 회사에 더 큰 자산이 될 수 있습니다.

[사례 2] 독서가 취미라고 했는데 업무 수행 시 어떤 도움이 될 것으로 생각하세요?

한 달에 보통 두세 권의 책을 읽습니다. 처음에는 독서의 목적이 주로 정보와 지식을 얻는 수준이었습니다. 얼마 전부터 독서의 목적에 '자신을 성장'시키는 것도 포함했습니다. 요즘은 '행복하게 사는 법'에 관련된 책을 읽고 있는데, 영업할 때 고객을 행복하게 하는 데 도움이 될 것입니다.

[사례 3] 오늘 아침 조간신문에서 가장 인상 깊게 본 기사는 무엇입니까?

저는 구매과에 지원했습니다. 최근 원자재 가격동향을 주의 깊게 지켜보고 있습니다. 오늘 조간신문에 원자재 가격이 오를 것이라는 기사를 보았습니다. 구매과에서 어떤 대응을 해야 할지 생각해 보았는데, 가격과 품질, 납기를 고려했을 때 신규 납품처 확보가 필요할 것 같습니다. 그 이유는…….

성찰 기반의 역량면접

간단히 말하면 역량면접 답변 속에 성찰_{교훈·반성·가치 등}이 담겨있다는 의미입니다. 역량면접_{Competency Based Interview}이란 과거의 행동으로 미래의 행동을 예측하는 면접기법입니다. 달리 말하면 과거의 성과를 통해 미래의 성과를 예측한다는 의미입니다. 기업들은 평가하고자 하는 역량들을 사전에 정하고, 각 역량을 평가하기 위한 질문을 설계합니다. 질문은 여러 가지의 하부질문세트로 구성되어 있습니다. 가장 좋은 답변은 하부질문세트에 대한 답변을 모두 하는 것입니다. 예를 들면, '동아리활동에 대해 말씀해 주세요'란 큰 질문에는 몇 개의 하부질문세트가 있습니다.

- 동아리활동을 하게 된 동기가 무엇인가?
- 어떤 역할을 했는가?
- 어떤 어려움이 있었는가?
- 어떻게 극복할 수 있었는가?
- 동아리 경험을 통해 얻은 성과는 무엇인가?
- 지원직무에 어떻게 활용될 수 있는가?

위 여섯 가지 하부질문에 대한 답변으로 최종 답변 시나리오를 구성하게 되면 역량면접 질문에 대한 효과적인 답변이 될 수 있습니다. 다음 그림에서 볼 수 있듯이 꼬리에 꼬리를 무는 질문형태로 묻게 됩니다. 만약 단편적인 답변을 하면 계속해서 관련 질문을 받게 되는 것입니다.

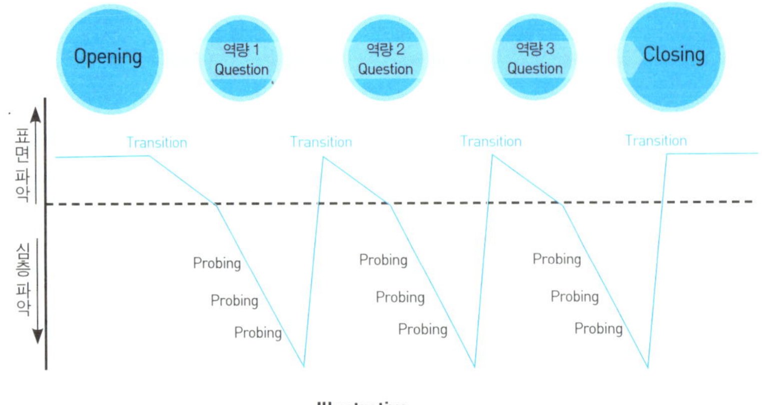

Illustrative

역량면접 대비방법은 질문의도를 파악하는 것입니다. 이는 하부질문세트를 미리 생각해 봄으로써 해결할 수 있습니다. 다음으로 구체적으로 설명하라는 것입니다. 이는 하부질문세트에 대한 답변을 준비함으로써 해결할 수 있습니다.

Situation	당신이 처해 있던 상황에 대해 말씀해 보십시오.
Task	당신이 수행한 과제 · 과업은 무엇이었습니까?
Action	어떻게 대응했습니까? 취한 행동에 대해서 말씀해 보십시오. 이를 위해 구체적으로 어떤 노력을 하셨나요?
Result	그 행동의 결과는 어떠했습니까?

불통면접

필자가 7년간 상담과 강의를 통해 강조하는 포인트입니다. 불통면접"에 대한 단상입니다.

첫째, 평가자의 관심사를 고려하지 않는 모든 면접답변은 불통답안입니다.

둘째, 어디서 듣거나, 어디서 보거나, 누구를 통해 들은 것을 '나만의 것으로 재해석'하지 않는 답변은 불통답안이 됩니다.

셋째, 위의 두 고려사항을 고려하지 않는 모든 답변은 "불통답변"입니다.

인성면접 질문의 유형

지원자로서 됨됨이와 자질이 우수한가? → 인성·적성

업무를 잘할 수 있는 능력이 있는가? → 직무 전문성

조직과 사람들에 잘 적응할 수 있는가? → 조직 부합성

인성면접 질문은 위 표처럼 크게 세 가지 유형으로 답변할 수 있습니다. 첫째, 지원자의 태도와 가치관, 성격 등을 평가합니다. 둘째, 업무수행능력입니다. 직무에 지원하기 위해 준비해온 내용을 평가하게 됩니다 셋째, 새로운 환경조직과 사람에 잘 적응할 수 있는지를 평가하게 됩니다. 가장 효과적인 답변은 직

무에 초점을 맞춰 인성과 조직 부합성을 어필하면 좋은 결과를 기대할 수 있습니다.

인성면접 대응전략

필자는 지난 7년간 수많은 인사 담당자와의 면담을 통해 학생들에게 가장 필요한 인성면접 정보에 대해 많은 관심을 기울여 왔습니다. 아래 항목은 인성면접 평가자의 질문의도와 지원자의 효과적인 대응전략을 다뤄봤습니다.

우리 회사에 지원하게 된 동기는 무엇입니까?

의도

수많은 지원자가 기업에 대한 충분한 이해 없이 Copy & Paste로 입사지원서를 제출하는 경우가 많습니다. 간단히 말하면 '묻지마 지원자'를 가려내려는 의도의 질문입니다.

대응전략

업종과 기업에 대해 충분히 이해하고 있으며, 지원기업에 관심이 많다는 점을 강조하는 것이 중요합니다.

지원한 직무와 관련하여 어떤 준비를 해왔는가?

의도

　직무 전문성을 갖추기 위해 노력한 흔적을 찾아볼 수 없는 지원자를 가려내려는 의도의 질문입니다.

대응전략

　직무에 대한 정확한 이해를 바탕으로 이제까지 지원 분야의 전문성을 갖추기 위해 일관되게 준비해 왔다는 점을 강조하는 것이 핵심입니다.

입사하게 되면 5년 후(혹은 10년 후) 포부는 무엇입니까?

의도

　목표 없이 입사해서 타성에 젖은 직장인으로 전락할 가능성이 높은 사람을 걸러내려는 의도의 질문입니다.

대응전략

　직무 전문성을 어느 수준까지 높여, 어떤 직급에서 어떻게 조직에 기여할 것인지 명확히 제시하는 것이 포인트입니다.

우리가 당신을 꼭 뽑아야 하는 이유는 무엇인가?

의도

　취업을 위해 기울인 일관되고 치열한 노력과 타사에서도 탐낼 정도의 인재인지 보여 달라는 의도의 질문입니다.

대응전략

　다른 질문에 비해 조금 막연한 질문입니다. 지원자의 직무핵심역량으로 접근하되 기여할 수 있는 점을 강력히 어필 할 수 있도록 대비하는 것이 좋은 평가를 받게 됩니다.

사회활동 경험을 이야기해 보시오

사회성, 그리고 타인에 대한 배려심 등을 알고자 하는 질문입니다.

봉사활동, 동아리, 파트타임, 인턴 등에서 대인관계에 충실했던 경험을 얼마나 효과적으로 전달할 수 있는지가 관건입니다.

조직경험이 있는지, 그리고 조직 내에서 어려움을 극복한 사례가 있는지?

주위와 어울리지 못하거나 수동적인 성격인지 탐색하려는 의도의 질문입니다.

조직에서 주도적으로 일을 추진했던 사례를 제시하는 것이 중요합니다.

실패한 경험이 있는가? 그것에서 얻은 교훈은?

실패하지 않은, 즉 새로운 시도와 도전을 해보지 않은 지원자를 걸러내려는 의도의 질문입니다.

지원직무와 관련된 사례를 준비하되 그 경험에서 얻은 교훈을 명확히 하는 것이 핵심입니다.

취미나 특기가 있는가?

지원자의 강점 또는 사회성을 엿보려는 의도의 질문입니다.

대응전략

직무에 적합한 취미나 특기를 발굴하고 그를 통해 얻은 보람 또는 만족감 등을 정리해 보는 것이 포인트입니다.

마지막으로 하고 싶은 말이 있다면?

의도

입사에 대한 의지가 확고한지, 적극성이 있는지를 엿보려는 질문입니다.

대응전략

자신의 확고한 입사의지를 담은 감성적인 메시지를 치밀하고 정성을 다해 준비하는 것이 중요합니다.

다음은 합격한 두 지원자가 면접장에서 면접관과 나눈 일문일답을 정리해 옮겨봤습니다. 두 지원자 모두 좋지 않은 스펙을 극복하고 최종 합격한 사례입니다.

"인성면접은 제가 빈틈이 많았기에 많이 걱정했습니다. 학점과 어학점수가 낮았고, 공백기도 있어서인지 자기소개는 안 시키셨어요. 처음부터 공백기에, 학점에, 전공으로 계속 질문을 하셔서 압박이라고 느끼며 속으로 움찔움찔하기는 했습니다. 그래도 최대한 자신감 있게 목소리 크게 하고, '웃으면서 열심히 일하겠다'는 것을 강조했습니다."

삼성전자에 합격한 여성 지원자는 합격 후기를 통해 어떤 곤란한 질문을 받더라도 시종일관 미소를 잃지 않고, 당당하게 말하며 자신감을 보이는 것이 중요하다는 것을 강조했습니다. 그처럼 수동적인 모습보다 당찬 지원자의 모습을 보여 드리는 것이 중요하다고 생각합니다. 특히 공백기가 있을 때 그것을 메우려고 거짓말을 하는 경우가 많은데 면접을 하다 보면 티가 드러나게 됩니다. 솔직하게 말하되 공백기가 지원 분야에 도움이 된다는 방향으로 답변을 준비하는 것이 무엇보다 중요합니다.

🔵 신한은행 지원자

입사하고 나서 중간에 적성에 맞지 않고 힘들면 어떻게 하시겠습니까?

저는 적성에 맞지 않는다고 해서 쉽게 포기하지 않을 것입니다. 그랜드백화점에서 교복판매를 할 때 까다로운 손님을 만난 적이 있습니다. '내가 왜 이런 일을 해야 할까?'하고 고민이 많았습니다. 하지만 꾹 참고 상세히 설명해 드렸더니, 나중에 다시 저를 찾아주셨습니다. 그때 큰 성취감을 느낄 수 있었습니다. 영업이 제 적성에 맞는다는 것을 확인할 수 있었습니다.

만약에 입사가 되지 않는다면 어떻게 하겠습니까?

저의 능력을 다 보여 드리지 못했다고 생각합니다. 저 자신을 조금 더 가다듬어 저를 더 보여 드릴 수 있도록 꾸준히 학습하고 노력할 것입니다.

뭐 준비한 것 같은데 보여주세요.

네. 제가 지원한 직무는 단순히 업무를 보는 것이 아닌 고객과 만나는 접점에서 가장 중요한 역할을 한다고 생각합니다. 이러한 역할을 위해 가장 중요한 점은 고객이라고 생각합니다. 고객이 신한은행을 어떻게 생각하는지 분석을 해보았습니다. 보시는 것은 설문지입니다. 어떤 은행을 선호하는지, 선호하는 이유는 무엇인지, 주로 어떤 업무를 보는지, 향후 어떤 상품에 가입하고 싶은지 설문지를 통해 알아보았습니다. 보시는 표는 그래프로 나타냈는데 전체적으로 많은 점포 수와 튼실한 은행이미지로 국민은행의 선호도가 높았습니다. 그리고 20대는 신한 은행과 우리은행의 사용비중이 높았습니다. 이를 통해…….

설문조사 하시느라 수고 많으셨는데 자, 됐습니다.

아. 저 한 가지만 더 말씀드리겠습니다. 저는 신한은행 상품인 '민트적금'에 대한 고객반응을 알아보았습니다. 아직 상품이 출시된 지 얼마 안 되었기 때문에 가입하고 있지 않은 비율이 80퍼센트였지만 이들 중 상품 상담을 받을 의향이 있다고 답하셨습니다. 비록 타 은행에 적금을 들고 있지만 차후 적금을 다시 들을 의향이 있다고 말씀하셨습니다. 현재 경기침체로 보험의 상품가입은 줄고 안정적인 적금의 가입을 선호하는 현상을 대변하는 것을 보입니다. 상품 상담의 의향이 있으니, 창구이용 시 추가로 적금을 설명해 주면 가입의향이 있다고 말씀하셨습니다.

어디서 설문조사를 하셨어요?

지하철에서 고객분들을 대상으로 설문지를 나누어드렸습니다.

지하철에서요?: 어떻게 설문 조사할 생각을 하셨어요?

제가 상품을 조사하던 중 궁금증이 생겼습니다. 상품에 대한 설명은 기업의 입장에서 쓰인 것이 대부분 이였고 과연 고객분들은 어떻게 생각할까 궁금해졌기 때문입니다. 이를 알기 위해선 설문지가 가장 적합하였습니다. 제가 "신한 벽지"라는 회사에서 인턴사원 시 리서치활동을 통해 설문지작업을 하던 경험을 십분 활용하였습니다.

삼성전자 지원자

전공이 스페인어인데 영업 마케팅 지원했네요?

네. 면접관님 말씀처럼 경영적 지식도 중요하지만, 삼성전자는 글로벌 기업 아니겠습니까? 그 나라 언어와 문화에 대해 아는 것도 중요합니다. 가장 중요한 것은 제가 부족한 것이 있다면 채우는 자세라고 생각합니다. 입사 후에 선배님들 귀찮도록 쫓아다니며 열심히 채우겠습니다.

졸업하고 공백기가 있는데 뭘 했습니까?

우리나라 발전을 위해 일하고자 하는 비전이 있어 고시공부를 했습니다. 비록 지금 방향을 바꿔서 삼성전자 입사를 위해 이곳에 있습니다만, 제가 추구하고자 하는 비전은 같습니다. 제가 열심히 일해서 삼성전자가 세계 최고의 위치에 우뚝 선다면 그것 또한 우리나라의 발전에 도움되는 것이 아니겠습니까?

1년 정도 공부하다가 그만뒀으면 포기가 빠른 편인가요? 뭐, 좋게 말하면 판단이 빠른 것일 수도 있군요. 좀 빨리빨리 결정하는 스타일인 것 같은데, 힘든 점이 많지 않나요?

네. 제가 그런 성격이 없지 않아 있습니다. 그 때문에 스트레스를 종종 받을 때가 있는데, 그럴 때마다 운동을 통해서 해소하고, 마음의 안정을 찾고자 합니다.

직장생활 하면서 가장 가치를 두는 점이 근면·성실이라고 했는데, 근면·성실은 공무원에 잘 어울리지 않나요?

네, 그러나 삼성전자도 원칙과 규칙을 바탕에 두고 창의적인 생각으로 발전해 오지 않았습니까? 저 또한 근면·성실함을 바탕으로 회사에 더 기여하도록 열심히 일하겠습니다!

여자로서 삼성전자 일하는 것 힘든 거 아시죠?

네, 압니다. 저는 일 잘하는 사람으로 지원했습니다. 여성으로 지원하지 않았습니다. 그리고 체력이 좋아서 문제없습니다.

입사하면 어디까지 올라가고 싶어요?

(웃으며) 네, 별 하나 달고 싶습니다! 제가 신문기사에서 이영희 전무님 기사를 읽은 적이 있습니다. 전무님은 마케팅에서 좋은 성과를 창출하셨다 하는데, 저도 그런 멋진 여성이 되고 싶습니다. 여자라는 편견을 깨고 더 인정받도록 하겠습니다.

취미가 가무인데 이건 뭔가요?

네. 댄스와 노래에 끼가 있습니다. 최신 댄스와 노래로 항상 팀 분위기를 밝게 하겠습니다.

오늘 '고시를 준비한 경험'이 있다고 이야기했는데, 그 말이 득이 될 것 같아요? 독이 될 것 같아요?

저는 제가 고시 준비를 했다는 것이 전혀 흠이 아니라고 생각하고 있습니다. 오히려 논리력과 분석력이 영업에 도움이 될 것으로 생각합니다.

마지막으로 꼭 보여주고 싶거나 하고 싶은 말이 있습니까?

스페인시장의 마케팅 기획에 관한 보고서를 준비해왔습니다. 코트라 정보와 스페인의 신문 기사를 이용해서 시장현황을 파악하고 어떻게 마케팅 해보겠다는 기획서를 작성했으니 꼭 봐주셨으면 합니다.

면접 시 자기소개를 하는 방법

준비된 인재로서 세 가지를 약속드리겠습니다.

첫째, 전문성의 '날'을 세우는데 게을리하지 않겠습니다. → 지식을 활용하는 능력

둘째, 변화의 '결'을 타는데 뛰어납니다. → 변화의 흐름을 파악하는 능력

셋째, 사람됨의 '격'이 마음속 깊이 새겨져 있습니다. → 인격과 됨됨이

차별화된 인재는 네 가지가 다릅니다.

첫째, 저는 남들과 똑같은 것을 말합니다. 하지만 남들과 달리 곧바로 행동에 옮깁니다.

둘째, 저는 남들과 똑같은 것을 합니다. 하지만 남들과 달리 최고를 추구합니다.

셋째, 저는 남들과 똑같은 것을 봅니다. 하지만 남들과 달리 생각합니다.

마지막으로, 저는 남들과 똑같은 열정을 가지고 있습니다. 하지만 남들과 달리 열정으로 저를 태웁니다.

열린 인재로서 세 가지를 실천하겠습니다.

첫째, 열린 마음으로 고객을 대하겠습니다.

둘째, 열린 머리로 사고하겠습니다.

셋째, 열린 행동을 실천하겠습니다.

남들이 전공에 관심을 둘 때, 저는 전공활용에 관심을 뒀습니다.

남들이 동아리 활동을 할 때, 저는 동아리 발전을 위한 활동을 했습니다.

남들이 외국을 경험할 때, 저는 글로벌 마인드를 경험했습니다.

남들이 스펙을 쌓을 때, 저는 역량을 쌓았습니다.

남들이 차별화된 역량에 관심을 둘 때, 저는 차별화된 사람이 되는 방법에 관심을 뒀습니다.

Different: 평범함을 거부합니다. 전문인재가 되고자 노력을 해왔습니다.

Organizational: 인턴, 파트타임 경험, 동아리활동 등을 통해 사회성을 배웠습니다.

Global: 어학연수 및 교환학생 경험으로 다른 문화의 차이를 인정하고 포용하는 국제적 감각을 함양했습니다.

공휴일에 출근에 대해 어떻게 생각하십니까?

희생정신을 묻는 말입니다. 회사(조직)의 목표달성을 위해 희생정신이 요구되는 상황이 있습니다. 공휴일에 출근할 때의 마음가짐이 중요합니다. 일은 일종의 자기계발입니다. 회사에 기여함과 동시에 자기계발의 기회로 삼는다는 태도를 보이면 좋은 평가를 받을 수 있습니다.

본인의 강점은 무엇입니까?

지원직무에 플러스가 되는 면을 최대한 부각하는 것이 중요합니다. 예를 들어, 재무/회계직무에 지원하는 지원자라면 "전 숫자에 강합니다. 최근 회사의 재무제표상의 숫자 변화가 무엇을 의미하는지 말씀드리겠습니다"고 말하는 것이 좋습니다.

본인의 단점은 무엇입니까?

보완점이라는 관점으로 접근하세요. 보완하려는 노력과 지원직무에 플러스가 되는 면을 최대한 부각하는 것이 중요합니다. 단점을 강점으로 반전하는 것이 중요합니다.

(여성 지원자에게 하는 질문) 커피를 타는 것에 대해 어떻게 생각하세요?

대표적인 우문(愚問)입니다. 더 나은 현답(賢答)을 생각할 필요가 있습니다. 한 여성 지원자의 답변은 다음과 같았습니다.

"절대 커피를 타지 않겠습니다. 제가 동아리활동을 할 때 선배, 동기, 후배들에게 마음을 탔습니다. 입사 후, 마음을 타서 드리겠습니다. 커피에 탈 것은 '마음'뿐입니다."

다른 사람들이 자신을 어떤 사람으로 보고 있다고 생각하십니까?

있는 그대로의 지원자를 보여주는 것이 중요합니다. 그러나 답변이 지원직무에 마이너스가 되는지 유의해야 합니다. 지원 분야가 회계인데, 성격이 털털하다는 말을 자주 듣는다면 부적절할 수도 있습니다. 친구나 주변 사람들에게 자신을 어떻게 평가하는지, 그리고 그 이유는 무엇인지 질문을 통해 답변을 얻어보세요.

당장 1억이 있다면 무엇을 하겠습니까?

'계획성과 자기계발'에 관한 질문입니다. '부모님께 선물하겠다 또는 자기계발에 투자하겠다'는 답변이 좋습니다. 특히 자기계발의 목적을 명확히 하고, 직무와의 연관성을 최대한 강조하세요. 가장 지혜롭게 돈을 쓰는 방법은 개인의 성장과 사랑하는 사람을 위해 쓰는 것으로 생각합니다.

대학생활 중 학업 외에 어떤 일에 몰두했습니까?

학점이 좋은 지원자들이 자주 받게 되는 질문입니다. 사회성이 부족하거나, 조직적응력이 떨어질 것을 우려해서 이런 질문을 하게 됩니다.

리더십 경험이 있습니까?

Follower 없는 리더는 있을 수 없습니다. 리더십 경험이 없다면 Followership 경험은 있을 것입니다. 리더를 빛나게 하는 사람은 Follower라는 점이 중요합니다. Follower로서 리더를 빛낸 경험을 어필하세요. 결국 빛나는 Follower가 훌륭한 리더가 됩니다.

'색'에 비유한다면 당신은 무슨 색입니까?

'왜 그 색을 자신에 비유했는지'에 대해 합리적인 설명이 중요합니다. 예를 들어, 하늘색은 창조 및 상상력을 상징합니다. 이러한 부류의 사람들은 '새로운 아이디어를 잘 내고, 통찰력이 뛰어나 사업을 기획하거나 문제 해결에 뛰어난 능력'을 보입니다.

이것만큼은 남에게 질 수 없다고 생각하는 것은 무엇입니까?

스펙이 다소 낮은 지원자들에게 직무에 대한 자신감을 보일 수 있는 절호의 기회입니다. 의외로 지원자들은 직무를 소홀히 하는 경향이 있습니다. 직무를 철저하게 이해하고 있다면, 지원자만의 차별화된 답변이 가능하게 됩니다. 영어가 좀 부족한 일부 지원자는 직무 설명을 영어로 준비해 가는 때도 있습니다. 강력한 무기가 될 수 있습니다.

어학실력은 어느 정도입니까?

가장 좋은 방법은 이 책에 있는 영어 인터뷰를 충실하게 준비해서 영어로 면접하는 것입니다. 영어 인터뷰는 국외파, 국내파 누구에게도 유리하지도 불리하지도 않습니다. 준비한 사람만이 좋은 평가를 받게 됩니다.

우리 회사 면접대기실에서 느낀 점은 무엇입니까?

관찰력을 묻는 말입니다. 면접 대기실에 비치된 잡지_{사보 등}, 직원들의 모습과 태도 등을 주의 깊게 살펴보고 느낀 점을 정리해 보세요. 의외로 좋은 답변 소재가 많다는 것을 발견하게 됩니다.

일상생활에서 본인만의 원칙이(좌우명·생활신조) 있습니까?

성격과 실천 여부를 묻는 말입니다. 말이 멋진 원칙이 아니라 실천하는 멋진 사람이 중요합니다.

입사가 확정되면 가장 먼저 하고 싶은 일은 무엇입니까?

신입사원으로서 해야 할 많은 일이 있습니다. 우선 조직에 적응하는 일, 현업 실무를 파악하는 일 등 신입으로서 회사에 기여할 점을 찾아보고 준비하는 것이 중요합니다. 일부 지원자 중에 "집에서 푹 쉬고 싶다" "여행을 하고 싶다" 등 솔직하게 답변하는 분들이 있습니다만 이는 부적절할 수 있습니다.

입사 후 회사와 맞지 않는다는 생각이 들면 어떻게 하시겠어요?

자기소개서 지원동기에는 지원자가 회사에 적합한 이유가 잘 드러나 있습니다. 적합한 이유를 명쾌하게 말하고 '맞지 않는다는 생각이 전혀 없다는 인식'을 보여 주어야 합니다.

자격증은 있습니까?

자격증 취득의 난이도가 좋은 평가로 이어진다는 믿음은 금물입니다. 자격증 취득의 목적, 준비과정, 그리고 지원직무에 어떻게 활용될 수 있는지 구체적으로 답변하세요. 이 질문은 이공계 지원자들이 자신의 전문성을 구체적으로 보여줄 좋은 기회입니다.

존경하는 분이 있다면 누구이고 이유는 무엇인가요?

누군가를 진심으로 존경하는 유일한 방법은 그 사람의 가치를 본받아, 나의 삶의 부분이 되도록 하는 것으로 생각합니다. 실천하는 모습을 사례를 통해 보여주면 좋은 평가를 받을 수 있습니다.

최근에 전공서적을 제외하고 읽은 책은 몇 권입니까?

자기계발을 묻는 말입니다. 저자나 줄거리를 이야기하기보다는 '책을 읽은 후 얻은 교훈은 무엇인지, 그 교훈을 실천하고 있는지, 본인에게 어떤 도움이 되는지' 등을 답변하면 좋은 평가를 받을 수 있습니다.

학업 외 어떤 분야에 관심을 뒀습니까?

'사회성'을 묻는 말입니다. 동아리활동이나 기타 경험을 통해 얻은 전문성 등 관심 분야에 대한 이해를 통해 입사 후 업무수행에 도움이 될 것임을 어필하는 것이 좋습니다.

학창시절에 어떤 아르바이트를 해보았습니까?

역시 '사회성'을 묻는 말입니다. 파트타임/인턴경험이란 지원한 직무에서 성공으로 가는 길과도 같습니다. 다시 말하면 학교생활과 직장생활을 잇는 가교역할을 한다는 것입니다. 파트타임 경험에서 얻은 교훈이 지원직무에 어떤 면에서 도움이 되는지를 명확히 제시하면 좋은 답변이 됩니다.

희망직종에 가지 못하는 경우는 어떻게 하시겠습니까?

우선 면접위원의 견해를 존중하는 것이 중요합니다. 다음으로 지원직무를 위해 이제까지 노력한 면을 구체적으로 어필하여 '면접위원으로 하여금 지원직무에 가장 적합하다는 인상'을 남길 수 있도록 최선을 다해야 합니다.

PC활용능력은 어느 정도입니까?

실무능력을 묻는 말입니다. 지원 분야와 관련하여 답변합니다. 발표PPT나 문서 작성뿐 아니라 PC를 활용해 할 수 있는 모든 것이 해당합니다. 공모전UCC 등, 블로그, 포털사이트의 카페 운영경험이 있다면 구체적으로 답변하면 좋습니다.

토론면접과 PT면접의 전략

토론면접의 목적은 구직자 간의 대화를 통해 커뮤니케이션능력, 말하는 태도, 설득력, 협상력 등의 종합적인 능력을 평가하기 위한 면접방식입니다. 우선 남의 의견을 경청하는 태도를 보여주고, 생각이 갈릴 때에도 서로 비난을 하여 편을 가르기보다는 수용하고 설득하여서 협상력을 최대로 발휘하는 것이 중요한 평가요소입니다.

또한, 많은 기업이 PT면접 비중을 강화하고 있습니다. PT면접은 직무역량과 더불어 논리성, 창의성 및 문제해결능력 등 다방면에 걸친 역량을 보여주기 때문입니다.

Chapter **3**

한국사회에 대한
이해

한국사회의 핵심을 이해하기는 쉽지 않습니다. 다만 이 장에서는 다양한 사회의 이슈 원인을 살펴봄으로써 문제의 본질을 이해하고, 문제 해결을 위한 대안은 무엇인지를 고민해 보도록 합니다.

대선 출마를 선언한 안철수 전 원장이 얼마 전에 《안철수의 생각》이라는 책을 내놓았습니다. 이 책은 출간하자마자 모든 기록을 갈아치우며, 현재까지 50만 부 이상 판매되었다고 합니다. 이 책에 담긴 내용을 통해 우리 사회의 시대정신이 무엇인지 알아보겠습니다.

우선 안철수 전 원장은 키워드로 정의·복지·평화를 꼽았습니다. 간단히 말하면 공정한 경쟁을 위해 정의가 필요하고, 정의와 복지를 이루기 위한 토대로 평화가 필요하다는 것입니다. 마지막으로 정의·복지·평화를 이루기 위해 국민의 동의와 합의가 필요하고, 이러한 동의와 합의를 끌어내기 위해 화합과 소통의 리더십이 필요하다는 것이 책 전체를 관통하는 내용입니다. 필자의 생각으로는 안철수 전 원장은 한국사회의 문제점을 소통, 통합, 동의, 합의, 정의, 복지, 평화의 여섯 가지 키워드로 이해하고 있다고 생각합니다.

대학교수들이 바라보는 한국사회의 문제점

복지	47.9퍼센트
사회통합	44.9퍼센트
양극화	36.8퍼센트
저출산 고령화	36.0퍼센트
통일	31.8퍼센트

출처: 《교수신문》, 2012년 4월

《교수신문》이 창간 20주년을 맞아 전국의 대학교수 541명에게 '향후 10년 간 한국사회를 지배할 키워드는 무엇이라고 생각하는지'에 대해 가장 중요한 것 세 가지를 꼽아달라고 부탁한 결과 가장 많이 꼽은 것은 단연 '복지'였다고 합니다. 두 사람 가운데 한 사람이 복지를 꼽은 것입니다. 이를 두고 이태수 꽃동네대학 교수는 "이제 한국사회는 복지국가로서 국가의 역할을 인정하지 않고는 더는 지속 가능한 사회가 불가능한 시점에 와 있다. 복지국가 없이는 민중들의 삶 기반이 와해하며 더는 지속 가능한 경제성장도 불가능하다"고 진단했습니다.

복지에 이어 '사회통합'이 뒤를 이었는데, 조흥식 서울대 교수는 "사회통합이 새삼 부각하는 것은 그만큼 지금 우리 한국사회는 갈등과 분열이 깊다는 것을 방중하고 있다”며 “심각한 사회갈등은 과거에도 있었지만 1997년 외환위기 이후에는 빈부갈등, 지역갈등, 이념갈등, 남북갈등과 함께 요즘 SNS시대를 맞아 세대갈등의 폭도 넓어지고 있다”라고 지적했습니다.

그다음으로 ‘양극화’를 한국사회 키워드로 꼽았습니다. 이성백 서울시립대 교수는 “10년 전만 해도 ‘20대 80’ 정도로 표현되던 양극화가 이제는 ‘1대 99’로 표현될 정도로 소득 대부분이 1퍼센트에 집중되고 있지만 99퍼센트의 생활 수준은 이미 감내할 수 있는 선을 넘어버렸다”고 말했습니다. 이어서 ‘저출산 고령화’와 ‘통일’이 뒤를 이었습니다.

‘인류를 파멸시킬 일곱 가지 위험’을 통해 알아보는 한국사회의 문제

필자는 간디의 ‘인류를 파멸시킬 일곱 가지 위험Seven Dangers to Human Virtue’을 한국사회 문제점의 핵심을 이해할 수 있게 해주는 가이드라고 생각합니다. ‘인류를 파멸시킬 일곱 가지 위험’은 본래 간디가 인도의 지도자로 부상하면서 진리파지운동과 인도독립운동에 투신할 때, 1925년 《Young India》라는 신문을 통해 강조했던 그의 신념이었습니다.

⭘ Wealth without Work (노동 없는 부)

어느 책에서 ‘부자 아빠는 투자로 돈을 벌고, 가난한 아빠는 노동을 통해서 돈을 번다'는 글을 읽었습니다. 이는 무언가 크게 잘못된 사회라고 생각합니다. 한국사회에 이러한 면이 있는 것 같습니다. 최근 재벌 2, 3세들이 대기업 납품업체나 협력업체를 설립하고, 대기업이 그 회사에 납품을 몰아주고 있다는 사실은 이미 언론을 통해 많이 알려진 사실입니다. 문제는 '일감 몰아주기'가 공정한 경쟁을 해친다는 것입니다. 이를 통해 해당 기업은 주가가 엄청나게 오르게 됩니다. 편법상속을 위한 방법으로 활용된다는 점입니다. 그 외에도 부동산 투기, 국제금융자본, 편법과 탈법을 통한 부의 축적 등이 '노동 없는 부'의 대표적 사례라 할 수 있습니다.

Pleasure without Conscience (양심 없는 쾌락)

일종의 '양심이 마비된 쾌락'이라고 할 수 있습니다. 상대방의 약점을 공격하고, 괴로워하는 모습을 보면서 즐거워하는 것이 대표적인 사례입니다. 학교나 직장에서의 집단 따돌림도 이러한 맥락에서 이해할 수 있을 것 같습니다.

Knowledge without Character (인격 없는 교육)

경쟁 위주의 대한민국 교육을 한마디로 정의한다면 '인격 없는 교육'일 것입니다. 한국사회에서 인격 없는 교육의 폐단은 어렵지 않게 찾아볼 수 있습니다. 예를 들면, 자신이 가진 지식을 가지고 자신이 속한 기득권층 대변하고 강변하는 일부 지식층들이 대표적입니다. 필자의 생각으로는 이 부류의 지식인들이 가장 큰 사회악이라고 생각합니다. 도덕성이 결여된 판사, 검사, 변호사는 생각만 해도 끔찍합니다. 사회에는 정의가 존재할 수 없고 부패만 남아있게 될 것입니다.

● Business without Ethics (도덕성 없는 상업)

한국의 반기업 정서가 근본적인 원인이라고 생각합니다. 사상 최대의 영업이익과 순이익을 기록한 대기업이 있지만 정작 그 대기업에 납품하는 부품업체는 연말 보너스도 못 주는 상황이 발생하고 있는 것이 현실입니다. 부품납품업체가 조금이라도 수익을 내면 그 정보를 가지고 와서 납품단가를 후려친다고 하는 기사를 들어본 경험이 있을 것입니다. 최근 빵집 및 커피전문점 등 유통 대기업들이 골목상권으로 진출하면서 많은 비난을 받은 바 있습니다.

● Science without Humanity (인간성 없는 과학)

인류의 비극이 과학을 인간에게 해가 되는 방법으로 사용한 결과임을 잘 알고 있습니다. 각종 살생무기기술, 유전자 복제기술 등의 오남용 등은 인류사회를 위협하고 있습니다.

● Religion without Sacrifice (희생 없는 종교)

종교가 봉사와 희생이라는 고귀한 실천을 하지 않는다면 종교라기보다는 사이비라고 보는 것이 적절할 것입니다. 사이비가 추구하는 것은 희생이 아닌 권력과 재물에 대한 탐욕이 될 것입니다. 이미 일부 교회가 대형화, 세습화, 수익사업화되고 있는 것을 사실은 매우 안타까운 일이 아닐 수 없습니다.

● Politics without principles (원칙 없는 정치)

첫째로 경계해야 할 사회적 죄악이란 원칙이 없는 정치라고 간디는 지적했습니다. 정치에서 원칙이라 함은 다수 이익을 위한 정책을 민주적인 절차와 합의를 통해서 도출한다는 것을 의미합니다. 국방, 외교, 경제, 노동, 교육, 환경 등 다양한 문제에 대해 원칙 없는 정책은 국민을 분열시키는 결과를 낳게 됩니다. 미국산 쇠고기 수입, 4대강 사업의 강행, 그리고 최근 한일정보보호협정에 이르기까지 민주적 절차와 합의가 없이 진행된 모든 것들이 큰 이슈가 되어 국민을 혼란스럽고 어렵게 만들었지 않았나 생각해봅니다.

토론면접 전략

    토론면접의 목적은 구직자 간의 대화를 통해 커뮤니케이션능력, 말하는 태도, 설득력, 협상력 등의 종합적인 능력을 평가하기 위한 면접방식입니다. 회사에서는 토론이 없으므로 회의하는 형식으로 진행하는 것이 좋습니다. 우선 남의 의견을 경청하는 태도를 보여주고, 생각이 갈릴 때에도 서로 비난을 하여 편을 가르기보다는 수용하고 설득하여서 협상력을 최대로 발휘하는 것이 중요한 평가요소입니다.

토론면접전략: 어떻게 준비할 것인가?

    "얼마 전 금융권의 합숙면접에서 토론면접을 경험해 보았습니다. 하지만 실제로는 토론이라기보다는 자신의 주장을 보여주는 자리였다고 생각합니다. 격렬한 토론이 벌어지지 않았던 이유에 대해서 제 나름대로 생각해 본 것은 어떤 사안에 대해서 한쪽의 입장만을 고수한다는 이미지는 기업의 입장에서 별로 탐탁지 않을 것이기 때문입니다. 기업은 자신의 신념을 지니고 있는 사람과 일하고 싶어하는 동시에 기업이라는 조직에서 잘 적응할 수 있는 인재를 뽑으려고 합니다. 그러므로 아무리 주장이 타당하고 합리적이라고 하여도 다른 사람들과의 타협점을 찾으려고 노력하지 않는 사람은 뽑지 않으려고 할 것입니다. 그러므로 저는 토론면접에서 합리적인 논거를 바탕으로 주장하되 나와 생각이 다른 지원자가 나를 공격하더라도 그것을 수용하는 자세를 취하는 것이 좋은 방법이라고 생각합니다."

토론면접을 경험해본 취업 준비생의 이야기처럼 각자 나름의 전략을 준비하는 것이 중요합니다. 따라서 위 토론면접 후기를 종합적으로 정리해보면 다음과 같다고 할 수 있습니다.

첫째, 토론면접의 핵심은 토론을 하지 않는 것입니다.

마치 회의를 하듯 견해를 잘 듣고 존중하는 것입니다. 이를 위해 경청하고 상대방의 의견을 존중하고 있다는 것을 필기하거나 고개를 끄덕임으로써 보여주는 것이 중요합니다.

둘째, 사회자가 지정된 토론면접이면 사회자의 역할이 절대적입니다.

사회자 또는 리더의 역할이 절대적인 이유는 몇 가지로 해석할 수 있습니다. 우선 핵심쟁점을 미리 토론 참가자에게 알려줄 수 있다는 점입니다. 다음으로는 토론 중간에 이제까지 논의된 내용을 중간 정리하면서, 참가자들에게 생각할 수 있는 시간을 벌어 줄 수 있다는 점입니다.

셋째, 토론에서 논의된 사항을 정리하고, 합의에 도달할 수 있어야 합니다.

토론면접 시나리오: 실전 사례

토론면접에 대한 전반적인 시나리오 구상이 중요합니다. 아래의 사례를 살펴보고 토론면접의 흐름을 파악하게 되면, 큰 부담 없이 토론면접에 대응할 수 있을 것입니다.

토론 시작

- 오늘의 주제는 ○○○입니다.
- 우선 찬성 측 의견을 들어 보겠습니다(반대 측도 발언권을 얻어 반론에 들어간다).

토론 중간

- 지금까지 토론된 내용을 정리하겠습니다.
- 찬성 측은 A, B, C 의견을 주셨고, 반대 측은 D, E, F 의견을 주셨습니다.
- 이번에는 경영관점에서 접근해 보겠습니다.
- 반대 측 의견을 들어 보겠습니다.

토론결론

- 마지막으로 찬반 측 상호 간의 좋은 타결점이 있는지 논의해 보겠습니다.
- 우선 찬성 측 의견을 들어 보겠습니다. 다음은 반대 측 의견 들어 보겠습니다
- 이제까지 토론내용을 종합해 보면 〇〇〇입니다. 혹시 추가로 말씀하실 분 있습니다.
- 결론적으로 〇〇〇하는 것으로 합의를 이루었습니다. 이것으로 토론을 마칩니다.

PT면접
전략

많은 기업이 PT면접 비중을 강화하고 있습니다. PT면접은 직무역량과 더불어 논리성, 창의성 및 문제해결능력 등 다방면에 걸친 역량을 보여주기 때문입니다. PT면접을 준비하기 위해서는 아래 세 가지 관점에서 대응방안을 제시하는 것이 좋습니다.

- 발표 주제를 받으면 먼저 '의도를 분석'합니다.
- 어떻게 작성할 것인지 구상합니다.
- 목차제목를 정합니다. 일반적으로 목차는 현황분석 · 대응방안 · 기대효과로 구성됩니다. 이 중에서 가장 중요한 것은 '대응방안'입니다.

▌PT면접 전략: 어떻게 준비할 것인가?

기업 입장에서 PT면접이란 무엇인가?

입사 지원자의 모든 역량을 짧은 시간에 확인할 수 있는 매우 효과적인 면접방식이라고 할 수 있습니다. 다음으로 변별력을 높일 수 있는 최선의 대안입니다. 마지막으로 철저한 반복과 준비를 충실히 해온 지원자를 선발할 수 있습니다.

기업의 입장에서 PT면접을 통해 파악하고자 하는 것은?

- 주제에 대한 명확한 이해와 핵심을 잘 파악하고 있는가?
- 주제에 관한 자신만의 주장·대안·생각 등을 논리적으로 전개하고 설득력 있게 이야기할 수 있는가?
- 발표자료의 구성능력과 표현능력은 적절한가?
- 질의응답을 통해 입사지원자의 답변수준이 창의적·전략적·논리적 사고에 기반을 두고 있는가?

PT면접 주제는 어떻게 준비해야 하는가?

토론은 찬반논의이지만, PT면접의 경우 대안을 제시하라는 경우가 많이 있습니다. 따라서 자신이 지원한 회사와 관련된 문제들이 출제됩니다. 지원기업의 '산업, 회사, 직무 등의 관련 이슈'들을 중심으로 준비하시면 좋을 것 같습니다.

또한, PT면접에서의 마지막 발표는 주제에 대한 요약으로 끝나는 것이 아니라 주제에 대한 자신의 의견 또는 주장 등으로 논리적으로 설명하면서 마무리하는 것이 가장 좋습니다. 그리고 "짧은 시간 동안 들어주서서 감사합니다, 궁금하신 것이 있으시면 답변 드리겠습니다"라는 인사말도 잊지 말아야 합니다.

[2012년 기업별 PT면접 사례]

두산그룹	● 자료 30장 주고 전지에 적도록(2장 이내) ● A4 15장 내외 자료로 40분간 준비, 5분간 발표, 40분간 문답 ● 매출을 늘리기 위한 전략에 대해 말해보시오 ● 난이도 ★★★
현대자동차	● 대기실에서 문제지와 A4용지를 받고 세 문제 중 하나 선택 ● 20분 준비 화이트보드를 이용해 5분간 발표, 5분 문답 ● 미래의 자동차 개발방향에 대해 말해보시오 ● 난이도 ★★☆
삼성전자	● 주제 3개 정도 제시, 컴퓨터/판서 등 발표방식 자율 선택 ● 40분 준비, 10분 발표, 10~15분 문답 ● TV나 영화가 사람의 행동에 영향을 미친다고 생각하는가? ● 난이도 ★★☆
LG디스플레이	● 주제 3개 정도 제시, 5분 발표, 질의응답 ● 30분 정도 전지에 매직으로 정리, 인터넷 검색 불가 ● 아이패드와 같이 시장을 열광시키는 제품의 특징은 무엇인가 ● 난이도 ★★☆

Q1. 우리 회사의 현재 문제점이 무엇이라고 생각하는가?

Q2. 현재 우리 회사가 처한 상황 중 가장 큰 고민거리가 무엇이라고 생각하는가?

Q3. 우리 회사가 미래를 준비하기 위해 무엇을 해야 하는가?

Q4. 우리 회사가 시장 선도적 입지를 강화하기 위해 무엇을 최우선으로 고려해야 하는가?

Q5. 당신이 CEO이라면 현재 우리 회사의 무엇을 위해 가장 고민하겠는가?

위와 같은 유형의 핵심은 '전사적 관점'에서 기업의 전략적 방향성을 논해보라는 것입니다. 전사적 관점이란, 기업의 비전과 전략방향을 염두에 두고 이슈를 바라보는 접근방법입니다. 대표적인 전사적 관점이란,

- 지속 가능한 성장
- 선택과 집중
- 전사적 관점에서 고객, 상품, 서비스의 이해

등입니다. 다음으로 네 가지의 답변과 평가를 통해 전사적 관점에서 전략적 방향성이 무엇을 의미하는지 살펴보겠습니다.

우리 회사의 현재 문제점이 무엇이라고 생각하는가?

답변 1

저는 **조직문화**가 좀더 유연해져야 한다고 생각합니다. 제가 조사한 바로는 수평적인 문화가 많이 정착되어 있음에도, **의사결정단계**가 매우 복잡하여 시장의 변화에 유연하고 능동적인 대처가 떨어지는 것으로 알고 있습니다. 따라서 **미래시장을 선도**하고 **글로벌 진출**을 위해 지금보다 더 유연한 조직문화가 필요하다고 생각합니다.

평가

인사직무 지원자의 답변입니다. 조직문화 · 의사결정 · 미래선도 · 글로벌 진출 등의 키워드를 사용했지만, **해결책 제시가 부족**합니다.

답변 2

저는 요금책정에 문제가 있다고 생각합니다. 현재 경쟁사 대비 **통신요금**이 약 10~15퍼센트 높게 책정되어 있습니다. 현재 **정부의 통신비 인하정책과 경쟁사의 품질향상**으로, 높은 요금정책을 지속하게 되면 **고객으로부터 외면**을 받을 수 있습니다. 이 때문에 1위 사업자로서 시장입지가 좁아질 수 있다고 생각합니다.

평가

'통신요금, 정부정책, 경쟁사, 고객의 외면' 등을 키워드로 접근했습니다. 직무 관점보다 큰 관점에서 회사의 문제점을 바로 보고 있습니다. 그러나 **문제의 원인이 비싼 요금으로만 귀결**되고 있는 점이 아쉽습니다.

저는 외국에서의 **브랜드 인지도**가 가장 시급하게 해결해야 할 문제라고 생각합니다. **내수중심 이미지**를 벗고 사업확대를 위해서는 중국, 미국 등에 반드시 진출해야 하는데, 취약한 브랜드 인지도 때문에 사업추진이 쉽지 않다고 알고 있습니다. **글로벌 브랜드 전략**을 세워 이를 최대한 강화시키는 것이 급선무라고 생각합니다.

평가

마케팅 분야 지원자의 답변입니다. '브랜드 인지도, 내수중심, 사업확대, 글로벌 브랜드 전략' 등을 키워드로 접근했습니다. 그러나 지원자의 답변에는 해결책이 제시되어 있지 않습니다. 회사의 문제점을 외국에서의 브랜드 인지도 취약성으로만 귀결되고 있습니다.

답변 4

저는 **전사적 관점**에서 바라보아야 한다고 생각합니다.

첫째, **경쟁사의 동향**을 예의주시해야 합니다. 현재 국내통신시장은 정체국면에 접은 지 오래입니다. 이동통신시장에서 MS 1위를 수성하기 위해 경쟁사의 신규서비스에 대한 고객의 반응을 조사하는 것이 중요합니다.

둘째, **지속적 성장**을 위해 차기성장 동력원의 발굴이 핵심입니다. 이를 위해 현재 추진 중인 글로벌 진출현황을 재점검하는 것이 필요합니다.

마지막으로 모든 서비스를 독자적으로 제공하기는 어렵다고 봅니다. 따라서 **우호적 사업자와 전략적 제휴**를 통한 서비스 생태계 구축이 관건이라고 생각합니다.

평가

'경쟁사 동향, 지속적 성장과 전략적 제휴'라는 전사적 관점으로 문제를 바라보고 해결책을 제시한 점이 훌륭합니다. 단순히 직무적 관점에서 문제를 바라보는 것과는 차원이 다르다고 할 수 있습니다. **지원기업에 관심을 두고 꾸준히 준비한 지원자만이 가능한 답변**입니다.

외국계 기업 취업전략

외국계 기업은 업무 중심으로 채용합니다. 따라서 자신이 원하는 업무의 자격요건을 확인하고 자신에게 맞는다 싶으면, 파견이나 계약직에 민감해하지 말고 일단 뛰어들어 경력을 쌓는 것이 중요합니다. 국내기업 입사 시와 마찬가지로 외국계 기업에 입사지원할 때도 직무와 관련된 인턴 또는 파트타임 경험은 필수입니다. 그러나 거창하게 업무와 관련된 인턴을 해야 할 필요는 없습니다. 어떤 경험을 했든 이것이 자신이 지원하는 분야에 어떻게 관련되어 있는지 설명하는 능력이 필요합니다. 단지 이력서에 한 줄 더 넣기 위한 인턴, 아르바이트 경험은 통하지 않습니다. 자신이 원하는 업무와 관련된 인턴 및 아르바이트 경험을 토대로 자기만의 스토리를 만드는 것이 중요합니다.

Chapter **4**

외국계 기업
정보분석

가장 좋은 방법은 외국계 기업 취업박람회에 참가하는 것입니다. 취업박람회 참가를 통해 많은 정보를 얻고, 영어 인터뷰를 해보는 과정에서 외국계 기업에 대해 실질적인 정보를 얻을 수 있습니다. 또한, 어학능력이 부족하더라도 계속해서 영어면접을 보다 보면 요령을 터득하게 됩니다. 외국계 기업 취업전략을 간략히 알아보면 다음과 같습니다.

⦿ 외국계 기업 취업박람회에 참가하여 인터뷰 기회를 잡는 것이 중요합니다.

외국계 기업 취업박람회는 인사담당자들이 나와서 직접 인터뷰 및 취업상담을 제공해 줍니다. 외국계 기업 취업을 위해 필요한 것은 지원 분야에 대한 영어능력이 핵심입니다. 취업박람회는 될 수 있는 대로 많이 참석하고, 상담을 통해 산업의 미래, 경쟁사, 지원회사, 고객에 대한 생생한 정보를 체득하시기를 바랍니다. 지원동기 및 장래포부 작성에 많은 도움이 될 것입니다.

◉ 외국계 기업은 공채가 전무 합니다.

경력중심, 수시채용이 일반화되어 있습니다. 수시채용이라 함은 곧 정보력이 취업경쟁력입니다. 따라서 외국계 기업 리스트와 채용소식을 제공하는 사이트를 즐겨찾기에 등록하고 수시로 모니터링하는 것이 필요합니다. 미리 이력서를 등록해 놓고 수시로 업데이트하는 것이 좋습니다. 대한상공회의소 http://www.korcham.net, 수한유럽연합상공회의소 http://www.eucck.org, 수한미국상공회의소 http://www.amchamkorea.org, 피플앤잡 http://www.peoplenjob.com은 외국계 인사담당자들도 많이 사용하는 사이트로 채용소식, 기업직무, 인재상에 대한 정보를 제공하고 있습니다.

◉ 직무 중심의 채용이므로 자격요건 Job Requirement 분석은 필수입니다.

외국계 기업은 업무 중심으로 채용합니다. 따라서 자신이 원하는 업무의 자격요건을 확인하고 자신에게 맞는다 싶으면, 파견이나 계약직에 민감해하지 말고 일단 뛰어들어 경력을 쌓는 것이 중요합니다. 국내기업 입사 시와 마찬가지로 외국계 기업에 입사지원할 때도 직무와 관련된 인턴 또는 파트타임 경험은 필수입니다. 그러나 거창하게 업무와 관련된 인턴을 해야 할 필요는 없습니다. 어떤 경험을 했든 이것이 자신이 지원하는 분야에 어떻게 관련되어있는지 설명하는 능력이 필요합니다. 단지 이력서에 한 줄 더 넣기 위한 인턴, 아르바이트 경험은 통하지 않습니다. 자신이 원하는 업무와 관련된 인턴 및 아르바이트 경험을 토대로 자기만의 스토리를 만드는 것이 중요합니다.

◉ 영어점수는 통하지 않습니다. 의사소통능력만이 통합니다.

토익 점수는 그다지 중요하지 않습니다. 실질적인 커뮤니케이션이 훨씬 중요하고, 무엇보다 자신감입니다. 외국계 기업 취업을 준비하고 있는 구직자들이 가장 궁금해하는 점이 바로 영어실력 수준이 아닐까 합니다. 그러나 실제로 외국계 기업 취업에 관한 편견 중 하나가 바로 '외국계 기업에 취업하기 위해서는 영어를 잘해야 한다'는 것입니다. 물론 외국기업은 본사와 화상회의 Conference Call 또는 업무상 영문 이메일을 써야 하는 때도 있기 때문에 영어실력을 어느 정도 갖추고 있어야 합니다. 그런데 외국계 기업에서 말하는 영어 실력은 '비즈니스 회화'가 가능한 수준이면 충분합니다. 다시 말하면 외국 대학 나왔다고 반드시 유리한 것이 아니라는 점입니다.

이력서Resume 작성하는 법

이 장에서는 이력서의 구성요소를 살펴보고 작성법을 알아보도록 하겠습니다. 딱히 이력서의 구성요소 형식이 존재하는 것은 아닙니다. 다만 지원자의 경험에 따라 조금씩 구성요소가 변경될 수 있습니다.

Personal Data: 이름, 주소, 전화번호, 생년월일, 성별 등을 기록합니다.

Career Objective: 희망하는 직무를 기재합니다.

[예시]

- Seeking a customer service position in a well regarded company
- A customer service role in a challenging environment
- To obtain employment as a customer service 스페셜ialist in a dynamic company

● Qualifications: 희망직무에 해당하는 자질 또는 역량을 기재합니다.

[예시]

- An energetic customer service professional with solid experience
- Strong problem-solving skills coupled with initiative and accuracy
- Provide a first-rate experience for the customer and facilitate the development of strong customer relationships.
- A self-motivated and hardworking employee with an excellent track record of meeting and exceeding productivity targets.
- Excellent organizational and communication skills contribute to high levels of efficiency and productivity.
- A reputation for building productive and positive relationships with diverse customers resulting in improved customer retention and loyalty.
- A committed team member who consistently achieves customer service goals and adds significant value to the bottom line.

● Work Experience

최근의 경력부터 적는데, 특히 경력자라면 경력을 학력보다 먼저 적습니다. 학생일 경우는 인턴경험이 없더라도 파트타임 경험을 적습니다. 경력, 회사기간 및 근무기간을 기록한 후 실제 수행한 업무내용을 기술합니다.

[예시]

경력	Customer Service Representative
회사정보	Vericom Telecommunications Company, Newark, NJ
근무기간	January 2012~February 2012

- interact with diverse customer base in person and telephonically
- provide detailed information on services and products to customers
- recommend service and product options to meet customer needs
- open new customer accounts
- complete and process contracts
- schedule and follow up on installations and service calls
- manage service, product and billing inquiries and complaints
- conduct customer satisfaction surveys
- produce weekly reports for management
- addressed customer account queries and problems
- managed product shipping issues
- provided ongoing support to customers

● Education

대학교 이후를 작성합니다.

● Activities(Curricula Activities or Extra Curricula Activities)

학교에서의 동아리활동과 자원봉사 등 사회활동을 요약해서 작성합니다. 특히 외국계 기업에서는 자원봉사활동을 적극 평가하고 있습니다.

● Skills & Competencies

특히 희망하는 업무에 도움이 되는 기술이나 특기를 기록합니다.

● **Honors and Awards** Additional Remarks

● **Honors and Awards** Additional Remarks

상벌관계도 역시 교내외적인 행사에서의 수상경력이나 표창경력을 기록합니다.

● References

'Available on request'라고 기록합니다.

상벌관계도 역시 교내외적인 행사에서의 수상경력이나 표창경력을 기록합니다.

이력서 서식

Bill Smith Address: 525-36, Sutek-Dong, Guri-Si, Gyeonggi-Do Telephone: 000-000-0000(Home); 010-0000-0000(Mobile) Email: billsmith@gmail.com	

Objective	Dedicated and Energetic person. Applying for a marketing position offered by 000 Korea.	
Education	Hankuk University of Foreign Studies G.P.A.: 0.0/4.5 ● Major: Business ● Relevant Course Work: Business Communication, International Marketing, Marketing strategy	2004.03~ 2012.08
	Oversea Exchange Student Experience ● University of Malaya, Malaysia	2008.02~ 2008.07

Experience	Lotte Department Store Intern for 000 marketing team ● Took account of normal stocks and defected stocks. ● Translated English document into Korean. ● Gathered competitor news through maga-zine clipping ● Helped a CRM manager to document custo-mer information.	2012.01~ 2012.02
	Backpacking in Australia ● Trip with nothing but a backpack.	2010.01~ 2010.11
Military Service	Served in the Korean Army for 2 years.	2005.11~ 2007.10
Activities	Hankook Univ. Language Institute Mentor for Korean learning students ● One to one mentor of foreign students learn-ing Korean.	2009.07~ 2009.12
	Student MTB Club	2004.7~ Present
Skills/ Abilities	Software Office: MS Power Point / Holding Word and Excel Expert certificate	
	Language TOEIC: 000(2012.04) TOEIC SPEAKING : Level 0	

<h1>커버레터_{Cover Letter} 작성하는 법</h1>

커버레터란 이력서와 함께 보내서 면접 기회를 얻기 위한 일종의 세일즈 레터_{Sales Letter}를 의미합니다. 외국계 기업이면 채용담당자가 지원서류를 받으면서 가장 먼저 읽게 되는 것이 바로 커버레터입니다. 이력서를 볼 것인지 아닌지도 이 커버레터가 결정한다고 해도 과언이 아닙니다. 즉, 커버레터가 함께 있지 않고 이력서만 보내게 되면 불합격될 가능성이 매우 높습니다. 그 이유는 이력서에서 어필하기 어려운 지원회사와 직무에 관한 열정과 핵심역량을 커버레터에서 전달할 수 있기 때문입니다. 따라서 지원자가 작성해야 할 매우 중요한 서류입니다. 커버레터 작성 시 유의사항으로는 다음과 같습니다.

● 지원기업에 얼마나 적합한 인재인지를 보여주는 커버레터는 지원자의 영

어표현능력과 영어 실력까지 평가하는 자료가 됩니다. 커버레터는 비즈니스 문서의 서식에 따라 작성하며 한 장 이내로 간결하게 정리하는 것이 기본입니다.

- 자신의 경력과 능력에 초점을 맞추는 것이 좋습니다. 이를 위해 우선 자신의 커버레터가 목표하는 기업과 그 구성원들에 대해 어느 정도 알고 있어야 한다. 가능하면 지원기업이 요구하는 능력과 경험을 제시하는 것이 좋습니다. 오타에 유의하고, 포맷과 외양이 보기 좋게 하여 반듯한 인상을 주도록 노력하는 것이 중요합니다.

커버레터 서식

Bill Smith

abc@gmail.com, 525-36, Sutek-Dong, Guri-Si, Gyeonggi-Do,.
010-0000-0000

To the HR manager of XYZ,

Through my recent experience at Lotte department store, I gained knowledge on how a company maintains its business and how luxury goods are treated. One of my main tasks was to handle defected products returned from local shops and to document the details with MS Excel. Also, I translated English staff training materials into Korean and made power points with those. This experience equipped me with both business writing skills and software operating skills. Furthermore, interacting with the staffs in local shops enlarged my capacity to communicate with various types of people in different work places. From this, I have learned a flexible manner of working with people which is highly demanded in a group work. Such an experience will become a strong support for me to work for your company, considering that good communication skill and multi-tasking ability are crucial to work as an intern of a global company.

Also, my experience as an exchange student in Malaysia, a multi-cultural society, allowed me to have better understandings in cultures outside Korea.

Also, I developed my English speaking and writing skills by attending courses lectured in English. At the end of the semester, I got an opportunity to make a presentation in English with other native students living in Malaysia, which greatly boosted my confidence in speaking and writing English.

Last but not least, I would like to find a position that makes the best of my ability. In five years, I would like to be working on projects with more responsibility. So I can see myself satisfied and happy with my position. In ten years, I want to continue to advance and become an industry expert in my field. And eventually I would like to take on more important position as a team leader.

I would be very passionate to work for 000 Korea. It would be grateful to meet you at an interview. You may contact me directly at 010-0000-0000. Thank you for your time and consideration.

Sincerely

Bill Smith

자기소개서 작성하는 법

이 장에서는 영문 자기소개서를 작성하는 필요한 '리더십 경험, 장점, 단점, 성취경험, 실패경험, 봉사활동, 장단기 목표' 등 일곱 가지 항목에 대한 샘플이 제시되어 있습니다.

Leadership Experience (리더십 경험)

The last thing I want to see take place is when someone in our team jeopardizes the project. It was a team project where I had five members to manage in our team. The team's initial ability to contribute was rather low but four members caught up relatively quickly while one was constantly underperforming.

The obvious solution was to replace the underperforming team member.

Project schedules are typically so tight that all team members should be strong performers. But this case was not so straight-forward. On the other hand, my decision to keep him on the team would have resulted in increased workloads for other team members and especially for me.

In the first place I needed to understand whether lack of skill or will was the major culprit of his poor performance. When I realized that he tried hard I decided to keep him on the team, investing time in developing him. At first I tried to help him gain back the trust and respect of the other team members. So I made it a rule to ask his opinion first before asking the other members.

I also demonstrated my respect for him, listening attentively to what he said. When they left work, we spent a couple of hours together discussing what he did well, what he could have done better, what and how tasks should be done tomorrow. Gradually he began to perform almost on par with them. He regained his confidence in himself and his own ability.

I am still not sure it was the right decision. The key decision-making factor for me was the team member's willingness to work hard to improve his performance. Someone else might argue that I would have added more value by focusing on developing top performers. There is no right or wrong decision, each person makes his own choice.

Giving a Dtailed Dscription of your Srength (장점)

Above all, I am passionate. I hunger for knowledge and truth. I follow through with reading and debate until I am satisfied with my level of understanding. I learn quickly. I integrate disparate concepts with relative ease. I avoid jumping to conclusions. Once convinced, I fight for my point of view. Once proven wrong, I am equally happy to accept the opposing conclusion. When I can't find the answer, or I know that another would excel where I am weak, I am quick to recognize my limitations and seek assistance.

These strengths enable me to problem-solve efficiently and completely. I write well. I speak well. I am persuasive in my communications with peers, superiors and clients. I am able to learn languages quickly, and retain the ability while dormant.

Describing your Wakness Rlevant to your Pofessional Creer (단점)

I have gaps in my business training and skills. In investment banking and private equity I have employed financial analysis skills, and yet my understanding is incomplete due to limited financial coursework. I have on-the-job experience, but have not undergone an intensive training program.

I have built up industry understanding in OOO and a few other areas, but I do not have in-depth knowledge of most areas of business or the broad perspective gained by study of a comprehensive business curriculum.

Describing your Mjor Acomplishment (성취경험)

My second accomplishment was living and working abroad for two years. I knew that I wanted to have a career in international business. I just did not know where to start or how to gain experience. I tried to obtain a job overseas while still in school but ran into the problem – I did not have any significant work experience. I almost decided to give up and wait until later in my career to work overseas.

But, something in my mind and heart pushed me to take the risk and go for it. After graduating from college, I traveled in Australia and Africa for three months. When I ran low on money, I sailed to London in search of a job.

Describing your major setback or failure (실패경험)

The key here is to turn whatever setback you experienced into something positive. Do not dwell on the disappointment, but rather focus on how you worked out the problem and what you learned.

As managing editor of OOO University's student newspaper, I have led a team of reports, editors, and managers of advertising and circulation. Last year, I was responsible for deciding how to appropriately cover OOO.

My greatest challenge was to align the separate staffs in one common vision. While the editorial staff was excited about the project, many advertising managers felt uncomfortable selling ads for a newspaper that may never get published.

Likewise, the circulation department had qualms about distributing the newspapers when university buildings, our usual delivery points, were closed. I met with the leaders of each staff to discuss their concerns and gain a greater understanding of their operations. I evaluated various scenarios, and developed a plan in which editorial staff would collaborate on circulation and advertising responsibilities.

Describing your Community Service Experience (봉사활동)

In June 2011, I began sponsoring Nina, a second grader at a primary school. I sometimes followed her academic progress and provided her with supplementary study materials like textbooks and other supplies. Hoping that she would share more about herself, I exposed Nina to my particular interests such as visiting art galleries and museums. Gradually, as I demonstrated my commitment and friendship to her, Nina opened up.

Today, we have established a true bond and are important parts of each others' life. I am proud to serve as a positive role model for Nina. Though the academic and financial support I provide is critical to her academic success, I consider my dedication and loyalty to Nina the most noteworthy accomplishment. This experience highlights three important qualities I value highly: initiative, dedication, and loyalty.

Describing Short-Term and Long-Term Goals (장단기 목표)

My short-term goal is to become a financial manager in the non-profit sector with my long-term to found and lead my own foundation focused on inner city development. Through my volunteer activities with OOO, I have recognized a strong need for business managers in the nonprofit sector.

After attending OOO, I aspire to lead an organization that addresses the needs of underprivileged citizens in my community. Earning an MBA would be a perfect choice, providing me with an opportunity to acquire the tools I need to begin a new chapter.

- The value of a man resides in what he gives and not in what he is capable of receiving.
  사람의 가치는 주는 데 있는 것이지 받는 능력에 있는 것이 아니다.

- You will discover that you have two hands. One hand is for helping yourself. The other is for helping others.
  우리는 두 개의 손을 가지고 있다. 하나는 자신을 돕고, 다른 하나는 타인을 돕기 위한 것이다.

- Courage is doing something you are fearful of doing.
  용기란 두려워하는 것을 해내는 것이다.

- The essential part of communication is to hear what is not being said.
  의사소통의 핵심은 타인이 말하지 않는 것을 듣는 능력이다.

- The ability to read what is not written is true communication skills.
  쓰여 있지 않은 것을 읽는 능력이 진정한 의사소통기술이다.

- People who fail to motivate themselves must be content with mediocre.
  자신을 동기부여 하지 못하면, 평범함에 만족하게 된다.

● Go as far as you can see. When you get there, you will be able to see farther.

보이는 한 멀리 가라. 그곳에 도착하면 더 멀리 볼 수 있게 된다.

● A customer oriented person is one who thinks and acts for customers and their best interests.

고객지향적인 사람은 고객과 그들의 이익을 위해 생각하고 행동하는 사람이다.

● Mountaintops inspire leaders, but valleys mature them.

산꼭대기는 리더를 고무시키지만, 골짜기는 리더를 성숙하게 한다.

● An excellent person is one who does something common in an uncommon way.

뛰어난 사람은 평범한 일을 평범하지 않은 방법으로 해내는 사람이다.

● Always recognize that human individuals are ends, and do not use them as means to your end.

사람들은 목적이라는 것을 인식하라. 그리고 당신의 목적을 위해 사람들을 수단으로 이용하지 마라.

● If I had 8 hours to chop down a tree, I'd spend 6 sharpening my ax.

내게 나무를 베는데 8시간이 있다면, 6시간을 도끼의 날을 세우는 데 사용하겠다.

● The will to win is useless if you don't have the will to prepare.

준비할 의지가 없으면, 승리하려는 의지는 아무런 소용이 없다.

- All things are ready, if you minds be so.
  마음이 준비되면, 모든 준비는 끝이 난다.

- Doing the same thing over and over, while expecting different results, is the crazy thing.
  똑같은 일을 하면서 다른 결과를 기대하는 것은 어리석은 일이다.

- It's easy to come up with new ideas; the hard part is letting go of what worked for you two years ago, but will soon be out of date.
  새로운 아이디어를 내기는 쉽다. 그러나 어려운 것은 몇 해 전에는 통했지만, 곧 낡아질 것을 버리는 것이다.

- Discovery consists of seeing what everybody has seen and thinking what nobody has thought.
  발견이란 모든 사람이 보는 것을 보고, 아무도 생각하지 않는 것을 생각하는 것이다.

- Real services come with sincerity and integrity.
  진정한 서비스는 진심과 성실과 함께한다.

- Respect, rapport and ambience are major sources of true service.
  존경과 신뢰감, 분위기는 진정한 서비스의 근원이다.

- Service is what is left behind after customers have left the store.
  서비스란 고객이 매장을 떠난 후 남는 것이다.

- A customer-oriented person is one who treats customers like lifetime partners.

  고객지향적인 사람은 고객을 평생의 파트너로 대하는 사람이다.

- A customer-oriented person tries to improve customer experiences, rather than simply products or services.

  고객지향적인 사람은 고객의 제품과 서비스를 향상하기보다는 고객의 경험을 향상하려고 노력한다.

- The important part of customer orientation lies not in making customers happy, but in making happy customers.

  고객지향성의 중요한 부분은 고객을 행복하게 하는 데 있는 것이 아니라, 행복한 고객을 만드는 데 있다.

- The purpose of business is not to create a customer. Its aim is to create a customer who creates customers.

  비즈니스의 목적은 고객을 창출하는 것이 아니다. 비즈니스의 목적은 고객을 창출하는 고객을 창출하는 것이다.

- A wise person is described as one who is wise in deeds, not in words only.

  현명한 사람은 행동이 현명한 사람이다. 말만 현명한 사람이 아니다.

- It takes less time to do a thing right than to explain why you did it wrong.

  일을 바로잡는 것이 왜 그 일을 잘못 했는지 설명하는 것보다 시간이 덜 걸린다.

- To be persuasive, you must be believable. To be believable, you must be credible. To be credible, you must be truthful. To be truthful, you must be a man of trust.

  설득력을 있으려면 믿음이 가야 한다. 믿음이 가기 위해 신용이 있어야 한다. 신용이 있기 위해 진실 돼야 한다. 진실하기 위해 신뢰 있는 사람이 되어야 한다.

- The first method for estimating what a person is like is to look at the men he has around.

  어떤 사람인지를 평가하는 첫 방법은 그 주변 사람을 지켜보는 것이다.

- If you want to know others, try this. Look at the means they use, consider their motives, and observe their driving pleasures. A man can't simply conceal himself.

  타인을 알고 싶으면 이것을 시도해 보라. 그들이 사용하는 수단을 보고, 그들의 동기를 생각해보고, 그들이 좋아하는 것을 지켜보라. 사람은 자신을 숨길 수 없다.

- Running away from any problem only increases the distance from its solution. The easiest and best way to escape from the problem is to solve it.

  문제를 회피하는 것은 해결책으로부터 멀어질 뿐이다. 문제를 피하는 가장 쉽고 최선의 방법은 문제를 해결하는 것이다.

- You don't understand anything unless you know that there are at least three ways.

  무엇을 이해하고 있다는 것은 적어도 세 가지 방법이 있다는 것을 알고 있다는 것이다.

- One good way to get good ideas is having a good number of ideas and leave out bad ones" The great way to get great ideas is having a great number of them.

  좋은 아이디어를 얻은 한 가지 방법은 많은 아이디어를 도출하고, 나쁜 아이디어를 버리는 것이다. 훌륭한 아이디어를 얻는 훌륭한 방법은 아주 많은 아이디어를 도출하는 것이다.

- Problems are only opportunities in work clothes. So it is wise to grasp it before it flies away.

  문제는 작업복을 입은 기회이다. 따라서 날아가 버리기 전에 붙잡는 것이 현명하다.

- To innovate something, you must first innovate yourself.

  무언가를 혁신하기 위해 먼저 자신을 혁신해야 한다.

- When all think alike, no one is thinking or thinks very much.

  모든 사람이 비슷한 생각을 하면, 아무도 별생각을 하고 있지 않은 것을 의미한다.

- Once we rid ourselves of traditional thinking, we can get on with creating the future.

  우리 자신의 낡은 인습을 제거하면, 미래를 창조해 나갈 수 있다.

- The essential part of creativity is not being afraid to fail.

  창의의 핵심은 실패를 두려워하지 않는 것이다.

- There is no doubt that creativity is the most important human resource of all. Without creativity, there would be no progress, and we would be forever repeating the same patterns.
창의는 인간이 가진 자원 중 가장 중요하다. 창의가 없으면 발전이 없고, 우리는 똑같은 패턴을 영원히 반복하게 된다.

- It is easy to spot wrong answers, but it takes a very creative mind to spot wrong questions.
잘못된 해답을 발견하기는 쉽다. 그러나 잘못된 질문을 발견하기 위해서 창의적 마인드가 필요하다.

- The secret to creativity is to know how to hide your sources.
창의의 비결은 출처를 감추는 법을 아는 것이다.

- If you want to succeed fast, you have to challenge fast, fail fast and learn fast.
빨리 성공하기를 원하면 빨리 도전하고 빨리 실패하고 빨리 배워야 한다.

- The dangers of life are infinite. Among them is safety.
삶의 위험은 무한하다. 안전 역시 그것 중 하나이다.

- Only those who dare to fail greatly can ever achieve greatly.
크게 실패하는 사람만이 크게 성공할 수 있다.

- If you have two roads diverging in a wood, take the one less traveled by.
  This will make all the difference.

  숲에서 갈라진 길을 만나면 남들이 가지 않은 길을 가라. 이것이 큰 차이를 만들 것이다.

- Nothing is easier than saying words. Nothing is harder than living works
  day after day.

  말하는 것보다 더 쉬운 것은 없다. 하루하루를 그 말을 지키며 사는 것보다 어려운 것은 없다.

영어 인터뷰의 전략

모든 인터뷰는 다음 세 가지에 집중해서 구성하는 것이 좋습니다.

- 일 또는 업무와의 관련성
- 단순한 견해가 아닌 구체적인 사례 제시
- 거짓이 아닌 진실성

그리고 모든 면접 질문은 '개인의 성장' '대인관계' '조직의 헌신'과 관련되어 있다는 점을 유념하기 바랍니다. 또한, 영어 인터뷰 답변은 두괄식이 핵심입니다. 결론을 먼저 말한 후, 부연설명을 하는 것이 좋습니다.

성공적인 영어 인터뷰 방법

● 쫄지마! 인성이야

외국계 기업들도 인재선발 시 인성, 팀워크, 조직문화 적응도 등의 항목을 중요시합니다. 따라서 팀워크를 중요시하며 잘 적응할 수 있다는 확신을 줘야 합니다.

특히, 외국계 기업들은 인성사회성을 채용에서 가장 중요한 요소로 꼽습니다. 이는 높은 학점, 뛰어난 어학 실력을 갖췄더라도 인성이 밑받침되지 않았다면

지난해 겨울, 우연히 교육을 진행하면서 잠시 듣게 된 강의를 소개합니다. 외국계 기업 취업전략 강좌였는데, 인사팀장님이 영어에 대한 자신의 에피소드를 설명했습니다. 간략히 정리하면 다음과 같습니다.

"대학교 다닐 때 호주로 배낭여행을 갔습니다. 여행경비를 줄이기 위해 허름한 숙소를 잡았는데 일본인 학생과 방을 함께 쓰게 되었습니다. 둘 모두가 영어를 못했기 때문에, 거의 손짓과 몸짓을 했습니다. 어느 날 숙소의 주인이 '오늘이 제 생일입니다'라는 말을 듣고, 상점에 가서 기념품을 샀습니다. 문제는 '선물포장'이라는 영어가 떠오르지 않아, 일본인 친구에게 계산을 맡겼습니다. 그 친구는 이렇게 말했습니다.

"Today is my house's father, birthday!" 점원이 이해하지 못하자 더욱 크게 외쳤습니다. 저는 '쟤가 왜 저러지?'하고 의아해했습니다. 다시 점원이 이해하지 못하자 너무도 큰 소리로 "Today is my house's father, birthday!"라고 외쳤습니다. 손님들은 모두 놀라서 일본인 친구를 쳐다보았습니다. 사실 저는 너무나도 창피했습니다. 점원은 매우 당황했지만, 잠시 후 선물을 포장하기 시작했습니다. 그때야 Gift Wrapping이란 단어가 아니어도 의사소통을 할 수 있다는 것을 깨달았습니다."

떨어질 수도 있다는 것을 의미합니다.

○ 자신감을 가져라

자신감 있는 태도는 영어 인터뷰의 핵심입니다. 준비한 만큼 영어 인터뷰를 잘하게 됩니다. 영어 실력이 영어 인터뷰 능력을 보장해 주지 않습니다.

○ 직무 관련 용어에 익숙하라

지원하는 회사 또는 부서 업무의 특성에 맞춰 예상 질문을 뽑아놓고 납변을 준비해야 합니다.

○ 지원하는 회사에 관한 정보는 최대한 입수하라

지원하는 회사와 지원하는 업무에 관한 기초정보를 숙지하고 있으면 면접관이 질문하는 내용을 이해하기 쉽고 답변도 당황하지 않고 할 수 있습니다. 또한, 면접관에게 회사와 지원 분야에 대한 업무를 많이 알고 있다는 인상을 줄 수 있어 호감을 살 수 있습니다.

○ 생각해서 답변하는 인상을 줘라

유창한 영어 실력을 자랑하기 위해 예상 질문에 대해 외운 대로 줄줄 대답하는 때도 있는데 이는 오히려 거부감을 줄 수 있습니다. 이보다는 또박또박 자기 생각을 차분히 정리채 말하는 인상을 주는 것이 좋습니다.

[자기소개] Please tell me about yourself?

I would like to tell you about what I have learned as a student and as a part-time employee.

I see the same things as others do, but I think differently from them.

I say the same thing as others do, but I take actions right away differently from them.

I do the same thing as others do, but I commit to excellence differently from them.

I have the same passion as others do, but I burn myself with passion differently from them.

通하는 답변

저는 남들과 똑같은 것을 봅니다. 하지만 남들과 달리 생각합니다.

저는 남들과 똑같은 것을 말합니다. 하지만 남들과 달리 곧바로 행동에 옮깁니다.

저는 남들과 똑같은 것을 합니다. 하지만 남들과 달리 최고를 추구합니다.

저는 남들과 똑같은 열정을 가지고 있습니다. 하지만 남들과 달리 열정으로 저를 태웁니다.

[회사 지원동기] Why do you want to work for our company?

While preparing for employment, I have gained accomplishments in several areas. First, I have learned how this industry works. Next, my qualifications are ones that fit marketing. What is best, my working experiences at OOO can bring great value to this position. While working as a part-timer, I was able to learn what services could exceed the expectations of customers. What I discovered was this. Customers are not much interested in products. What they really want is the values and benefits they could enjoy. I am convinced that these experiences will be an asset to what I do as a new employee.

通하는 답변

입사를 준비하면서 몇 가지 면에서 성과가 있었습니다. 첫째, 지원한 업계의 비즈니스를 알게 되었습니다. 다음으로, 저의 자격이 마케팅 분야에 적합하다는 점입니다. 무엇보다 OOO 회사에서의 실무 경험이 지원 분야에 도움이 될 수 있습니다. 파트타임으로 일하면서 어떤 서비스가 고객의 기대를 능가할 수 있는지 배울 수 있었습니다. 제가 배운 것은 다음과 같습니다. 고객들은 상품에 관심이 없다는 것입니다. 그들이 원하는 것은 그들이 누리는 가치와 편익이라는 것입니다. 이러한 경험들은 신입으로서 제가 하는 일에 자산이 될 것으로 확신합니다.

[장점] What are your strengths?

One of my biggest strengths is that I am good at becoming a better person. When I do something, I always try to do it in a different way. When I meet other people, I always try to find some quality in them and then acquire it somehow. When I read books, I always try to find something that will make me a better person. This ability, I believe, will contribute to my career success and your business success in the long run.

通하는 답변

제 장점 중 하나는 자기계발입니다. 저는 무엇을 할 때 항상 다른 방법으로 하려고 노력합니다. 사람들을 만날 때 그들이 가진 자질을 찾아 어떻게든 습득하려고 노력합니다. 책을 읽을 때 항상 더 나은 나를 만들 수 있는 것을 찾으려고 노력합니다. 이러한 능력은 저의 경력 부문에서의 성공과 장기적으로는 비즈니스의 성공에까지 기여할 수 있다고 믿습니다.

[업계 지원동기] Why do you want to work in this industry?

I asked myself, what industry can bring the biggest value to people? The answer I had was working in the food industry. My belief was "If I could work in this industry, then I would dedicate myself to working for the benefits of people" Since then, I have read books on food. And I have had lots of experiences working as, in some cases, a part-timer at a small food shop, in others as an intern at a food company. So I really want to work in this field.

저는 스스로 어떤 업계가 사람들에게 가장 큰 가치를 줄 수 있을까 질문해 보았습니다. 제 해답은 식품업계에서 일하는 것이었습니다. 저는 '이 업계에서 일하게 되면 사람들의 편익을 위해 일할 수 있을 것'이라고 믿었습니다. 그 후 음식과 관련된 책을 읽었습니다. 그리고 작은 식품점에서 파트타임으로, 식품회사에서 인턴으로 일하면서 많은 경험을 했습니다. 그래서 이 분야에서 일하고 싶습니다.

[향후 포부] What are your short-term and long-term career goals?

Mastering working job requirements within the first year is my short-term goal. To achieve this goal, I am determined to do my best acquiring all skills and knowledge. My long term goal is to be a '스펙ialist' in insurance marketing. As an astute analyzer of customers, I will commit to pinpointing the customer's needs and fulfilling them by means of setting 'right' marketing strategies.

1년 이내에 직무 요구사항에 숙달하는 것이 저의 단기적인 목표입니다. 이 목표를 갖고 최선을 다해 기술과 지식을 습득할 각오입니다. 장기적으로는 보험마케팅 분야에서 전문가가 되는 것입니다. 고객분석가로서 고객의 요구를 정확히 파악하고, 적합한 마케팅전략으로 고객을 반드시 충족하게 하겠습니다.

[전공선택 이유] What made you select your major?

I chose business and Economy as my major. My belief is that business and economy, is so much attractive. First, business and economy contributes to the growth and development of economy. And working in finance after graduation is my career aspiration. So I chose to study business and economy as my major.

通하는 답변

경영학을 전공으로 선택했습니다. 저는 경영학이 매력적이라고 믿습니다. 우선 경영학은 경제의 성장과 발전에 기여합니다. 그리고 졸업 후 금융 분야에서 일하는 것이 저의 희망입니다. 그래서 경영학을 공부하기로 했습니다.

[인성] What is your personality like?

My motto is "Being remembered as a person of value". I always try to put three basic principles into action. One important aspect is listening to others with sincerity. Next, I am also dedicated to making them work as part of team by setting an example. Lastly, I commit to excellence in performance.

通하는 답변

저의 모토는 가치 있는 사람으로 기억되는 것입니다. 저는 항상 세 가지 원칙을 실행에 옮기려고 노력합니다. 한 가지 중요한 측면은 진심으로 사람들의 말을 경청하는 것입니다. 다음으로 모범을 보임으로써, 사람들이 팀의 일원으로 일을 하도록 동기를 부여합니다. 마지막으로 저는 성과를 이루는데 최고만을 추구합니다.

[외국경험] Have you ever been abroad?

Yes, I have been to Span in recent years as an exchange student. The visit to Spain allowed me to broaden my perspective. While staying for half a year, I did research on business opportunities by a SWOT analysis. From this, I learned to have better understanding of this country in terms of business. I also knew more about the thoughts and lifestyles of local people. It was a great experience where I could increase my knowledge and develop business mindset. So I am convinced this experience will be of great help if I am accepted at OOO and work in marketing.

通하는 답변

예. 최근 스페인에 교환학생을 다녀왔습니다. 스페인 방문으로 제 시야를 넓힐 수 있었습니다. 6개월 동안 머무르면서 SWOT 분석을 통해 비즈니스 기회에 관한 연구를 했습니다. 이로부터 이 나라를 비즈니스 관점에서 더 잘 이해하게 되었습니다. 또한, 그 지역사람들의 사고와 라이프스타일을 좀더 잘 알게 되었습니다. 지식과 비즈니스 마인드를 갖게 된 좋은 경험이었습니다. 이 경험은 입사 후 마케팅 부서에서 근무할 때 큰 도움이 될 것입니다.

[취미] What is your hobby?

Music is my favorite. So during college years, I engaged in a school orchestra, called XYZ. As a member, I learned what harmony truly meant. From my understanding, every job involves collaboration between individuals or groups of individuals. As a new employee, my ability to work in a team will add value to the sales position.

음악을 좋아합니다. 학창 시절에 XYZ라는 학교 오케스트라에 참여했습니다. 저는 오케스트라의 일원으로서 조화가 진정으로 무엇을 의미하는지 알게 되었습니다. 제가 이해하는 바로는 모든 직무는 개인 간 또는 그룹 간 협조와 관련되어 있습니다, 신입으로 '팀' 안에서 일 할 수 있는 저의 능력이 영업에 도움이 될 것입니다.

[업무경험] Do you have any work experience?

Yes, I have about one year of work related experiences. In ABC, I was in sales for a couple of months and responsible for selling hand-held products. I also had 6 weeks of a job experience as an intern at XYZ. I have strong interpersonal and communication skills that I think are needed for the position you are offering.

약 일 년간의 실무경험이 있습니다. ABC 회사에서 몇 개월 동안 영업부서에서 휴대용기기를 판매했습니다. 또한, XYZ 회사에서 인턴사원으로 6개월 실무를 경험했습니다. 지원 분야에서 필요한 대인관계와 의사소통기술을 가지고 있습니다.

[책] What books do you keep on your desk?

Most of the books are industry journals, and books on OOO. Aside from this, I have some materials I got in seminars, conferences and trade exhibitions. These books are great resources when I work on my group assignments at school. My passion for learning more about XYZ will be a great asset to the ABC position you are offering.

通하는 답변

대부분의 책은 OOO에 관련된 산업 간행물과 책들입니다. 이외에도 세미나와 콘퍼런스, 전시회에서 얻은 자료들이 있습니다. 이러한 책들은 학교에서 그룹과제를 수행할 때 큰 도움이 됩니다. XYZ에 대한 좀더 배우고 싶은 열정은 ABC 지원 분야에 큰 자산이 될 것입니다.

[근속기간] If you are employed, how long are you going to work for us?

So long as I can dedicate and keep myself growing from doing my job, I will work. I have long thought about my career as XYZ for a long time. I'd like to tell you about this. I am the kind of person who is committed, and will do my job beyond expectations you might have. So I would never think about moving from employer to employer.

通하는 답변

헌신하고 일에서 성장을 계속할 수 있는 한 일할 것입니다. 오랫동안 XYZ 로서 제 경력에 대해 생각해 왔습니다. 이것에 대해 말씀드리고 싶습니다. 저는 헌신적인 사람입니다. 그리고 기대를 능가하는 업무를 하겠습니다. 따라서 저는 이직에 대해 절대 생각하지 않을 것입니다.

[가족소개] Please tell me about your family?

The motto of my family is "Home is not a place. Instead home is where love and care are shared among all family members" So, we try to have as much time as possible. This is because both parents work most of the time and my sister lives away from home. On 스펙ial occasion, like birth days, all of us go out to eat at a nice place, talking and having a lot fun.

通하는 답변

가족의 모토는 '집은 장소가 아니라 사랑과 관심이 공유되는 곳이다'입니다. 우리 가족은 가능한 많은 시간을 가지려고 노력합니다. 그 이유는 부모와 제 동생이 떨어져 대부분의 생활을 하기 때문입니다. 생일과 같은 특별한 날에는 가족 모두가 좋은 식당에서 음식을 먹고 이야기 나누며 좋은 시간을 보냅니다.

[좋아하는 스포츠] What is your favorite sport?

Playing soccer is my favorite. So during my college years, I participated in a soccer club, called XYZ. As a member of this club, I learned what team-playing and sacrifice truly meant. As far as I am concerned, true team-playing is, first, the ability to work toward a common goal which is winning the game. True team-playing also requires players to fulfill their responsibilities in each position. Most importantly, true team-playing involves sacrifice. As a new employee, this ability to work in a team will add value to the marketing position.

축구를 좋아합니다. 학창 시절 동안 XYZ라는 축구 동아리에 참여했습니다. 저는 팀플레이와 희생이 중요하다는 것을 알게 되었습니다. 제가 아는 한 진정한 팀플레이는 공동의 목표승리를 향해 일하는 능력입니다. 또한, 진정한 팀플레이는 선수들이 각 위치에서 자신의 책임을 수행하는 것입니다. 가장 중요한 것은 팀플레이는 희생과 관련되어 있습니다. 신입으로서 팀으로 일할 수 있는 이러한 능력이 마케팅에 가치를 가져다줄 것입니다.

[최근 본 영화] What movies have you seen recently?

My favorite movie is one that makes me think, and OOO is the most memorable movie in recent years. This movie tells us about many things; our lifestyles, family, love, friendship just to name a few. While watching this movie, I thought that I should give more attention to relationships with others.

제가 좋아하는 영화는 저를 생각하게 하는 영화입니다. OOO는 최근 가장 기억에 남는 영화입니다. 이 영화는 우리에게 많은 것들을 이야기해 줍니다. 우리의 라이프 스타일, 가족, 우정, 사랑 등입니다. 영화를 보면서 타인과의 관계에 좀더 관심을 기울여야 한다고 생각했습니다.

[단점] What would you say your biggest weakness is?

I lack working efficiently under heavy stress. Last year, I worked at XYZ as a part timer. My responsibility was to work as a cashier. One day, I had to deal with a lot of customers within a short period of time. It was really stressful. Against my will, I began to make some mistakes in operating POS (Point of Sales) machine. Because of this, I was not able to greet customers with sincerity. I found myself doing poorly in my work. From that day on, I have tried to stay calm in the face of difficulty.

通하는 답변

저는 스트레스를 받는 상황에서 능률적으로 일하는 것이 부족합니다. 지난해, XYZ에서 파트타임으로 일했습니다. 제 의지와 관련 없이 POS 기계운영에서 실수를 하기 시작했습니다. 이 때문에 저는 고객을 진심으로 맞이할 수 없었습니다. 저는 제 일을 잘 못하고 있는 저를 발견했습니다. 그날 이후로 어려움에 직면할 때마다 침착하려고 노력합니다.

[업적소개] What has been your greatest accomplishment?

I would say there are three types of accomplishments. An accomplishment means doing something well. A great accomplishment means doing something well and learning a lesson out of it. But the greatest accomplishment means doing something well, learning a lesson out of it and developing oneself. My greatest accomplishment is to realize that we need to develop self from whatever we do.

세 가지 업적을 말씀드리겠습니다. 성취란 무언가를 잘하는 것을 의미합니다. 뛰어난 성취란 무언가를 잘해내고, 그것으로부터 교훈을 얻는 것을 의미합니다. 그러나 가장 뛰어난 성취란 무언가를 잘해 내고, 그것으로부터 교훈을 얻고, 자기 자신을 발전시키는 것입니다. 저의 가장 큰 성취는 우리가 하는 것이 무엇이든 자신을 발전시켜야 할 필요가 있다는 것을 깨달은 것입니다.

[모교 소개] Would you tell me about your school?

My school is well-known for distinguished faculty and unique education for undergraduates. Take my major for example. In class, we are required to give a presentation and get feedback from a lecturer. And all seniors have to take courses on practical business. So, most of them are happy with their school life.

通하는 답변

우리 학교는 재학생들을 위한 뛰어난 교수진과 독특한 교육으로 잘 알려졌습니다. 전공수업을 예로 들면 수업 중 우리는 발표를 하고 강사들로부터 피드백을 받습니다. 그리고 모든 4학년 학생들은 비즈니스 실무에 대한 강좌를 수강해야 합니다. 따라서 대부분의 학생들은 학교생활에 만족하고 있습니다.

[리더십 경험] Tell me about a time when you showed your leadership skills?

My belief is that leadership is not a position, but an action. I served as a voluntary worker some years ago. My responsibility was to develop the course of action for the less fortunate people. To get my job done, I had to make action plans, put each plan into action, and monitor what was going. From this voluntary experience, I learned to equip myself with leadership skills, if I had no leadership position.

通하는 답변

제가 믿고 있는 리더십은 위치가 아니라 행동이라는 것입니다. 일전에 자원봉사자로 일했습니다. 저의 책임은 불우한 사람들을 위해 행동을 개발하는 것이었습니다. 제 일을 마치기 위해서 행동계획을 만들고, 각 계획을 행동으로 옮기고, 진행되는 상황을 지켜보는 것이었습니다. 이러한 자원봉사 경험을 통해 리더의 위치에 있지는 않았지만 대신 리더십을 갖추게 되었습니다.

[스트레스] Can you work under pressure?

Yes, I can. I'd like to tell you about my secret to overcoming work pressure. I believe everything involves some stress. So I simply accept stress as it is. I also try to prepare for things in advance. This really helps to get things done in time, just instead of being in a hurry.

通하는 답변

예. 업무에 압박을 받으면서도 일할 수 있습니다. 업무 압박감을 극복하는 제 비결을 말씀드리겠습니다. 모든 일에는 스트레스가 있다고 믿습니다. 따라서 저는 스트레스를 있는 그대로 받아들입니다. 또한, 일을 사전에 준비하려고 노력합니다. 이렇게 하는 것은 시간에 쫓기지 않고, 때맞춰 일을 해내는 데 도움이 됩니다.

[야근에 대한 생각] How do you feel about working overtime?

For most people, working overtime often means having to work late to do something. For me, if I had to work overtime, I would think of it as opportunity to learn something. Then I would be less stressed, and I would also focus on what I do.

通하는 답변

대부분의 사람에게 야근은 무엇을 하기 위해 늦게까지 일해야 하는 것을 의미합니다. 제게 야근은 무언가를 배우는 기회로 생각하겠습니다. 그러면 스트레스를 덜 받게 될 것이고 하는 일에 집중하게 될 것입니다.

[군대경험] Tell me about your military experience?

I had good and bad experiences while serving in the military. Indeed, both experiences helped to make me what I am now. Those tough but regular days gave me physical strength. It also allowed me to develop a strong willpower. All these will definitely give benefits to what I do as an employee.

通하는 답변

군 생활 하면서 좋은 경험과 좋지 않은 경험이 있습니다. 사실 두 경험 모두 오늘날의 제가 되는데 도움을 주었습니다. 군 생활의 힘든 날들은 강한 체력을 가져다주었습니다. 또한, 강한 의지력을 갖도록 했습니다. 분명 이러한 모든 것들이 직원으로서 일하는데 도움을 가져다줄 것입니다.

[인생철학] What is your philosophy of life?

My philosophy of life is being remembered as a man of worth. To do this, I have three basic principles to follow. One example of them is to dedicate myself to developing myself at all times. I also try to deal with people with fairness and sincerity. And taking an initiative is my last principle. With these principles fulfilled, I could bring value to the position for which I apply.

通하는 답변

제 인생철학은 가치 있는 사람으로 기억되는 것입니다. 이를 위해 저는 세 가지 원칙을 가지고 있습니다. 첫째, 자신의 발전을 위해 항상 헌신하는 것입니다. 둘째, 타인을 공정하고 진심을 가지고 대하려고 노력합니다. 그리고 마지막 원칙은 솔선수범하는 것입니다. 이러한 원칙을 이행하면 제가 지원하는 분야에 가치를 제공할 수 있을 것입니다.

[희망급여] What is your expected salary range?

As far as I know, my expected salary ranges from X to Y. I have asked some people I know well for advice on this. I found that the range is reasonable. I promise to you that I will outperform what you expect of me.

通하는 답변

제가 아는 한 기대 연봉은 X에서 Y 사이입니다. 제가 잘 아는 분들에게 조언을 구했고, 그 범위가 합당하다는 것을 알았습니다. 제게 기대하는 것 이상의 성과를 낼 것을 약속드립니다.

영어 토론면접의 전략

영어 토론면접 준비, 어떻게 할 것인가

가장 좋은 방법은 2~3개월 충분한 시간을 가지고 다양한 주제에 대한 찬반을 생각해보고 영어로 정리하는 것입니다. 문제는 취업을 위한 다른 많은 활동을 하는 상황에서 충분한 시간 확보가 가능치 않다는 점에 있습니다. 단기간에 효과적으로 영어 토론면접을 준비하는 방법은 다음과 같습니다.

첫째, 영어 토론면접의 핵심은 토론하지 않는 것입니다. 마치 회의를 하듯이 견해를 잘 듣고 존중하는 것입니다. 이를 위해 경청하고 상대방의 의견을 존중하고 있다는 것을 나타낼 영어로 표현할 수 있어야 합니다.

둘째, 영어 토론면접은 사회자의 역할이 절대적입니다. 사회자가 없더라도 누군가 리더 역할을 맡게 됩니다. 사회자 또는 리더의 역할이 절대적인 이유는 두 가지로 해석할 수 있습니다. 우선 핵심쟁점을 미리 토론 참가자에게 알려 줄 수 있다는 점입니다. 다음으로는 토론 중간에 이제까지 논의된 내용을 중간 정리 정리하면서, 참가자들에게 생각할 수 있는 시간을 벌어 줄 수 있다는 점입니다. 마지막으로 토론에서 논의된 사항을 정리하고, 합의에 도달할 수 있기 때문입니다.

셋째, 영어 토론면접은 영어 실력보다 더 중요한 요소가 있습니다. 그것은 바로 준비한 내용을 효과적으로 자신감 있게 전달할 수 있는가에 달려 있습니다.

영어 토론면접에 대한 오해

◎ 영어를 잘하는 수험생이 유리한가?

절대로 그렇지 않습니다. 한국말을 잘한다고 토론면접을 잘하는 것과 전혀 무관합니다. 토론면접 준비를 한 수험생이 유리합니다.

◎ 영어발음이 서투른데 불리한가요?

한국식 영어발음이라도 천천히 크게 분명하게 전달하는 것이 중요합니다. 영어를 잘하는 사람은 빠르게 말하지 않도록 유의하세요. 참가자 중 누군가 다시 한번 말씀해 달라는 요청을 받게 되면, 상대방이 충분히 이해할 수 있도록 배려를 하지 못했다는 인상을 주게 됩니다.

● **완벽한 영어 구사가 중요한가요?**

우선 토론면접에서 완벽한 영어 구사는 불가능합니다. 쟁점의 핵심이 명확하지 않으면 완벽은 물론 자신의 의견도 명확하게 전달할 수 없습니다. 자신감 있게 자신의 의견을 전달할 수 있는 능력이 가장 중요합니다.

토론 시작 전

Please put up your hand if you want to speak.

의견을 발표하시고자 하시는 분은 손을 들어주시기 바랍니다.

토론을 시작하면서

사회자가 지정된 토론면접이면 사회자의 역할에 따라 면접을 쉽게 진행할 수 있습니다. 주어진 시간에 찬·반 양측의 갈등 없이 해결책을 제시하는 것이 핵심입니다. 찬성·반대 측 견해를 듣는 순서는 사회자의 재량입니다. 찬성·반대 측 의견의 핵심을 정리하면서 중간 결론을 통해 진행된 토론 내용을 간략히 요약해 주면, 토론 참가자들에게 토론 주제를 생각해 볼 수 있는 시간을 버는 데 큰 도움이 될 것입니다.

사회자

All right, everyone. Let's begin our discussion on XYZ in Korea.

자. 여러분. ○○○에 관한 토론을 시작하겠습니다.

Let's first listen to those who support the issue.

우선 찬성 측 의견을 들어보겠습니다.

찬성 측 (1)	**찬성 측 (2)**	**찬성 측 (3)**
I think that ~	In my opinion, ~	My belief is that ~
저는 ~라고 생각합니다.	저의 의견으로는 ~	저는 ~ 게 믿고 있습니다.

사회자

Do you have any other ideas?
다른 아이디어 있으세요?
Thanks. Now let us listen to objections.
말씀 잘 들었습니다. 이제는 반대 측 의견을 들어 보겠습니다.

반대 측 (1)	**반대 측 (2)**	**반대 측 (3)**
I think that ~	In my opinion, ~	My belief is that ~
저는 ~라고 생각합니다.	저의 의견으로는 ~	저는 ~ 게 믿고 있습니다.

사회자

I'd like to review what we all have discussed.
이제까지 진행된 토론의견을 정리해 보겠습니다.
We have some opinions such as A, B, C. On the other hand, we have different opinions like D, E, F.
한편에서는 A, B, C 의견을 주셨고, 다른 한편에서는 D, E, F 의견을 주셨습니다.
This time, let us first listen to objections.
이번에는 반대 측 의견을 먼저 들어보겠습니다.

<table>
<tr><td>반대 측 (1)</td><td>반대 측 (2)</td><td>반대 측 (3)</td></tr>
<tr><td>I think that ~
저는 ~라고 생각합니다.</td><td>In my opinion, ~
저의 의견으로는 ~</td><td>My belief is that ~
저는 ~ 게 믿고 있습니다.</td></tr>
</table>

<table>
<tr><td>찬성 측 (1)</td><td>찬성 측 (2)</td><td>찬성 측 (3)</td></tr>
<tr><td>I think that ~
저는 ~라고 생각합니다.</td><td>In my opinion, ~
저의 의견으로는 ~</td><td>My belief is that ~
저는 ~ 게 믿고 있습니다.</td></tr>
</table>

사회자

We are running out of time. How about coming to a conclusion now?

시간이 다 되었습니다. 이제 결론을 내리는 것이 어떻습니까?

Are there any comments you'd like to add?

마지막으로 말씀하실 분 있습니까?

I would like to conclude that ~

~ 것으로 결론 내도록 하겠습니다.

Thank you all for your opinions. Thank you very much.

여러분 견해에 감사드립니다.

2011년~2012년 주요 이슈

[출처: 아젠다넷]

경제 · 경영

- The Euro zone's Fiscal Crisis 유로존 재정위기
- Korea-U.S. FTA 한·미 FTA 양국 비준
- Savings Bank Debacle 부실 저축은행
- High Prices 고물가
- SSMSuper Supermarket 기업형 슈퍼마켓
- Slow GDP Growth 저성장 문제
- Rising Household Debt 가계부채 심화
- The Worsening Polarization 양극화 심화
- 'Excess Profit Sharing' Scheme 초과이익 공유제
- Korea's National Debt 국가부채 심화
- Korea Exchange Bank & Lone Star Funds 외환은행과 론스타 펀드
- Soaring Rental Deposits 전세대란

정치 · 사법

- Unpredictable Presidential Election 예측하기 어려운 대선
- Public Corporation Reform 공기업 개혁

사회 · 문화

- Free School Meal Dispute 무상급식 논란
- The Pyeongchang Winter Olympics 평창 동계올림픽

- The New Korean Wave 신한류 열풍 확산
- Rapid Aging and Low Birthrate 고령화 저출산
- Violence and Bullying in schools 학교폭력과 집단 따돌림
- Youth Unemployment 청년실업
- Sexual Crimes against the Disabled and Child 장애인 및 아동 대상 성범죄
- Teacher Evaluation System 교원평가제
- Euthanasia in Controversy 안락사 논쟁
- College Tuition Cuts 등록금 인하
- OTC Drugs Sales In Supermarkets 슈퍼에서 일반 약 판매
- The Student Rights Law 학생인권법
- South Korea's Suicide Problem 한국의 자살문제
- Multi - Racial Society 다민족 사회

외교 · 북한

- Arab and Middle East protests 중동 민주화 시위 확산
- Dokdo Dispute 독도 분쟁
- Kaeseong Industrial Zone 개성공단
- Sexual Slavery Reparation 위안부 보상
- North Korea's Food Crisis & Aid to the North 북한의 식량난과 대북지원

환경 · 에너지

- Rising Oil Price 국제유가 상승
- Safety of Nuclear Power Plants 원전 안전성
- Overseas Resources Development 국외자원 개발

- Social Networking Service SNS 확산
- Cyber Terror 사이버테러
- Online Real - Name System 인터넷 실명제

영어 PT면접의 전략

영문 PT면접 대비방법은 가능한 한 쉽게 '답변 시나리오를 미리 만들어 보는데' 있습니다. 이 장에는 PT면접 시나리오를 만들기 위한 템플릿이 제시되어 있습니다. 순서대로 따라가면서 자신만의 영어 PT면접 시나리오를 만들어 보시기를 바랍니다. 가장 쉬운 영어로 가장 발음하기 쉬운 단어로 가장 간단하게 시나리오를 준비하는 것이 관건입니다.

서두의 인사 (Greeting)

Good morning / afternoon/ evening	- Ladies and gentlemen - Gentlemen - Everybody - Everyone It's nice to meet you

도입부 (Introduction)

I'd like to introduce myself Let me introduce myself	I'm Hiroshi Tanaka My name is Bill Smith	and, the position which I apply for is marketing

환영의 말 (Welcome)

I'm pleased	To be here To give this presentation	To day
Thank you	For coming here For attending the meeting	This morning
I'd like to welcome	Everyone / You all	This evening

프레젠테이션 목적 (Expressing Purpose)

- I'm here today - My purpose today is - Today, I want - My objective tonight is - The topic for today is about	The challenges facing SKT and how to overcome them

로드 맵 (Road Map)

<table>
<tr><td>

● 첫째:

- First

- Firstly

- To begin with

- To start with

- Initially

● 둘째:

- Second

- Secondly

- Then

- Next

● 셋째:

- Third

- Thirdly

- After that

- Finally

- Last

- Lastly

</td><td>

I'd like to look at competition status

I will focus on launching new services

I will take about building partnerships

</td></tr>
</table>

通하는 답변

Good morning, everyone. It's nice to see you. I'd like to introduce myself. My name is Bill Smith, and the position which I apply for is marketing. I am pleased to give a presentation this morning. Thank you for coming. The topic for today is about the challenges facing SKT and how to overcome them. I am going to split my talk into three enterprise -wise perspectives. First, I'd like to look closely at competition status. Then, I will focus on launching SKT's new services. After that, I will be talking about building partnerships.

안녕하세요. 반갑습니다. 제 소개를 드리겠습니다. 제 이름은 Bill Smith입니다. 그리고 지원 분야는 마케팅입니다. 오늘 아침 발표를 하게 되어 기쁩니다. 참석해 주셔서 감사합니다. 오늘 주제는 SKT의 도전과 극복방법입니다. 오늘 제 발표를 세 가지 전사적 관점으로 나누겠습니다. 우선 경쟁상황을 자세히 살펴볼 것입니다. 다음 저의 중점사항은 SKT의 신규서비스 시행입니다. 마지막으로 협력관계 구축에 대해 말씀드릴 것입니다.

본론

주제로 들어감 (Introducing Topics)

To begin with	I'd like to ~ Let me ~ Why don't we? I'm going to ~I shall ~	Discuss Think of Consider Look at Review Analyze Present Solve Deal(cope)with Launch Implement Formulate
The next important aspect is to ~ What I'd like to take about next is to ~		
Most importantly, Lastly, we also need to ~		

- We believe - We think - It is our view - My opinion is - I would say - It seems to us	(that)	Your prices are too high.
- Let's look back for a moment to - Let's go back to - I'd like to return to		My first diagram
- As I said before - As stated before - As stated previously		The situation is serious.

通하는 답변

To begin with, I'd like to talk about is looking carefully at our competition with business rivals, such as KT and LGU+. In recent months, KT have focused on X and Y. And this will definitely lead to C. On the other hand, LGU+ seems to have a different approach. The selection and focus area of LGU+ is on D and F. It is expected that LGU+ will soon launch XYZ service. Second, launching new services is critically important for SKT. ⋯ Finally, building partnerships is another major concern.

우선 말씀드리고 싶은 점은 경쟁사와의 경쟁을(KT 와 LGU+) 자세히 살펴보는 것입니다. 최근 KT는 X와 Y에 집중해 왔습니다. 이것은 C로 이어질 것입니다. 반면 LGU+는 다른 접근을 하는 것으로 보입니다. LGU+의 선택과 집중분야는 D와 F입니다. LGU+ 는 곧 XYZ서비스를 실시할 것으로 예상합니다. 다음으로 SKT가 신규서비스를 시행하는 것이 매우 중요합니다. …… 마지막으로 파트너 관계를 맺는 것 또한 중요한 관심사입니다.

결론

요약 (Summing Up)

To sum up	We must reduce our production costs
To summarize	and become move market-oriented.
Let me now sum up	We should increase R&D. and
Let me now just recap	introduce new products.

결론 (Concluding)

I'd like to conclude	By saying(that)	
Let me and	By reminding you(that)	
I'd like to finish	May I remind you(that)	It is the best time to take action now
In conclusion		
Finally	I'd like to say	

通하는 답변

To sum up, I have talked about three different enterprise-wise perspectives on SKT's future development and growth. In conclusion, I'd like to say it is the best time to take action now. With threes implemented successful, I feel convinced that SKT will accomplish sustainable growth. That is it for my presentation.

요약하면 저는 SKT의 향후 발전에 대한 세 가지 전사적 관점을 말씀드렸습니다. 결론적으로 말씀드리고 싶은 것은 지금 바로 행동에 옮겨야 할 시점이라는 것입니다. 이러한 세 가지가 성공적으로 실행되면 저는 SKT가 지속적 성장을 달성할 것이라고 확신합니다. 발표를 마칩니다.

█ 질의응답

질의응답은 발표가 끝나 후 면접관들이 발표에 대해 궁금한 점을 묻고 답하는 시간입니다. 군이 영어로 답변할 필요는 없습니다. 영어로 답변할 때는 두 가지 유의사항이 있습니다.

첫째, 질문을 이해하지 못할 때 반드시 명확히 이해하고 있는지 물어보아야 합니다. 따라서 관련된 영어 표현을 알아야 합니다. 다음으로 답변하기 어려운 질문을 받을 때입니다. 이런 경우 생각해보고, 끝난 후 말씀드리겠다고 마무리 하면 됩니다.

질의응답 (Closing the Presentation/Organizing the Q's & A's Session)

Thank you very much	For your attention
Now,	I will take any questions. I am happy to have your questions I will be happy to answer any questions you may have.

질문을 받았을 때 (Signaling an Answer)

- That's an interesting question
- It's really a good question
- That's a good point
- Your question was
- If I understood you correctly, you asked
- I am glad you asked that question

질문을 이해하지 못했을 때 (Clarifying a Question)

- Do you mean ~
- By that, did you mean ~
- Let me see if I understood correctly
- I'm sorry, could you repeat that?
- I'm sorry, could you rephrase that?
- Would you rephrase the question please?

Any more questions?

Are there any (more) questions?

답변하기 어려울 때 (Breaking Off)

- OK We can discuss this later.
- I'm not in a position to say.
- Let me think, and I will tell you about that after this

마무리 (Final)

I would like to close my talk at this point.	
Thank you	very much (for your time and attention).

通하는 답변

Thank you very much for your attention. Now, I am happy to have your questions. I am glad you asked that question. Are there any more questions? No question? I would like to close my talk at this point Thank you very much for your time and attention.

감사합니다. 이제 질문받겠습니다. 그 질문을 해주셔서 감사합니다. 다른 질문 있습니까? 없나요? 이제 제 말씀을 마칩니다. 시간과 관심을 갖고 들어 주셔서 감사합니다.

기업 분석자료

지원자로서 자기소개서를 쓸 때마다 힘들다는 것을 느낄 것입니다. 정해진 분량을 채우기가 벅차기 때문입니다. 가장 답하기 어려운 질문인 지원동기와 입사 후 포부를 묻는 항목에서 이 회사에 가고 싶기는 한데 '왜 이 회사에 지원'하는지 막막하고, 합격하면 열심히 할 자신은 있는데 무엇을 열심히 해야 하는지 명확하지 않은 경우가 있습니다. 이러한 이유는 업종과 기업에 분석이 충분히 이뤄지지 않았기 때문입니다. 이번 챕터에서는 현대자동차, LG CNS, 대우인터내셔널의 기업 분석자료가 수록되어 있습니다. 업종 분석, 업종의 특징, PEST 분석, 기업 SWOT 분석, 업계동향 및 전망 및 업계 주요 이슈까지 다양한 주제를 다루고 있습니다. 이를 참고하여 지원기업의 분석을 통해 자기소개서와 면접전형에 대해 철저한 준비를 할 기회가 되길 기원합니다.

Chapter **5**

현대기아
자동차그룹

자동차산업의 분석

○ 자동차산업의 특성

자동차산업은 일반적으로 선진국형 산업으로 분류되고 있으며, 후발국에 대한 시장 참여의 제한성 외에도 산업 자체가 가지고 있는 특성 때문에 신규시장 진입에 어려움이 많다. 자동차산업이 여타 산업과 비교하여 갖게 되는 특징은 다음과 같다.

- 광범위한 관련 산업을 가진 산업으로서 노동집약적이며 고용인원이 대량으로 많다
- 초기 투자비용이 큰 대규모 장치산업으로서, 고정비용이 아주 많이 들어서 산업 참여의 기회비용이 매우 높다.

● R&D 비용이 많이 들고, 신제품 개발 비용이 엄청나다.

이러한 이유에서 자동차산업은 국가기간산업으로써 역할과 기능을 갖게 되는 것이며, 국가적 관심도가 높을 수밖에 없다.

한편 자동차 상품의 특징은 자동차 수요가 산업경기에 크게 좌우되는 대표적인 경기산업이기 때문에 제품 수명주기가 짧다는 점이다. 자동차의 평균 제품 수명주기는 일반적으로 5년 이내로서, 경영수지 측면에서 볼 때 신제품 출시 이후 20만대 이상을 판매해야 손익분기점에 이를 수 있는 규모의 경제산업이다. 따라서 제품 개발에서 판매에 이르기까지 원활한 경영 흐름이 요구된다. 이와는 별도로 자동차는 오늘날 대표적인 환경 관련 산업으로써 정부정책에 민감한 영향을 받는다. 결론적으로 자동차산업은 해당 지역경제 및 국가경제에 미치는 비중이 아주 크지만, 환경과 관련된 제약이나 지탄받을 소지 또한 큰 산업적 특성이 있다고 평가할 수 있다.

● 국내 자동차시장 분석

국내 자동차시장에서는 압도적으로 독점적인 위치를 차지하고 있다. 그 때문에 국내에서는 딱히 경쟁기업이라고 할 만한 기업이 없다. 그러나 최근 수입차에 대한 부정적인 인식이 사라지면서 수입차의 점유율이 6퍼센트를 돌파하였다. 이에 따른 현대자동차의 국내 자동차시장에 대한 전략과 대응책이 필요하다.

21세기 초 시작된 10년간의 경쟁이 막바지에 접어들며, 세계 자동차시장의 '빅뱅'이 예견된다. 이처럼 향후 2~3년이 우리 자동차산업의 진로를 결정할 중요한 시기이지만 현대자동차의 장래는 그리 밝지 못하다. 지금과 같은 환율, 내수 및 수출, 파업, 임금 인상이 2~3년간 지속한다면 현대자동차는 글로벌 경쟁력 상실이라는 위기상황을 맞게 될 것이다.

● 자동차산업의 핵심 경쟁요소

자동차산업의 핵심 경쟁요소는 제품력과 마케팅력, 비용 경쟁력을 들 수 있다. 이 세 가지 요소는 시장 지배력을 강화하고 비용 절감 및 수익성을 확보하는 데 결정적인 영향을 미치는 변수이다.

가장 중요한 제품력은 차량의 성능, 안전성, 디자인, 품질, 신기술 등 제품에 대한 만족도를 극대화해 줌으로써 경쟁우위를 기할 수 있게 해준다.

마케팅력은 고객이 원하는 상품 콘셉트 창출 및 신제품 출시, 광고, 판매 및 A/S망 구축 등을 매개로 하여 고객을 적극 창출함으로써 경쟁력을 높여주게 된다.

비용 경쟁력은 신제품 개발비용, 양산차 제조생산성, 간접인력의 생산성, 금융비용 등을 포함하는 총체적인 비용개념으로 가격경쟁력과 수익성에 결정적인 영향을 미치고 있다.

이 세 가지 경쟁요소는 산업환경의 변동에 따라 상대적 중요도가 변화하는 특징을 보이고 있다. 경제 호황기에는 제품력을 위주로 고부가가치를 추구하

는 반면, 경제 침체기에는 비용 경쟁력과 마케팅력을 기반으로 수익성을 보전
하려는 경쟁양상이 나타나고 있는 것이다.

현대자동차의 기업 분석

현대자동차 개요

(1) 기업소개

현대자동차는 내수시장에서 50퍼센트의 점유율을 보이는 국내 1위의 완성
차업체로 38퍼센트의 지분을 가지고 있는 기아차 생산량까지 합하면 세계 7
위의 자동차 생산업체이다. 차종별 국내시장 점유율은 승용차 52.0퍼센트, RV
38.9퍼센트, 기타 상용차 77.1퍼센트에 이르고 있다. 내수 대 수출 비중은 40대
60으로 수출 비중이 높은 편이다. 주요 모델로는 쏘나타, 그랜저, 아반떼, 싼타
페, 투싼, 그레이스, 포터 등이 있다. 국내 완성차 생산공장은 울산소형차, 소형트럭, 전
주상용차, 아산그랜저, 쏘나타에 있으며 중국, 인도, 터키, 미국에 국외생산법인이 있다.

SWOT 분석

Strength

- 국내 시장점유율 선점 경쟁우위 강점
- 선진국, 개도국에서 현지 완결형 생산체제 구축
- 기술력 고름 R&D 측면에서 우위

Weakness

- 국내 생산 가격경쟁력 약화, 경직적 노사관계
- 규모의 경제에 따른 부작용_{재고 부담}
- 지배구조 리스크
- 철강산업 직접투자, 비관련 다각화
- 생산 현지화 고전
- 선진업체 대비 낮은 생산성과 높은 임금

Opportunity

- 내수 시장 회복이 본격화됨에 따라 완성차 판매량 증가예상
- 국내시장재편 및 국외생산체제 구축 완료로 글로벌 점유율 확대, 매출성장과 마진확대 기대
- 한·미 FTA 타결

Threat

- 중국의 거센 도전
- 고급차시장에서의 수입차의 거센 도전
- 치솟는 유가
- 자동차 관련 세율인상 및 환경규제 강화

(1) 강점Strength

● 국내 시장점유율 선점 경쟁우위 강점: 마켓리더로서의 선도적 위치 때문에 시장 영향력 행사가 절대적이며 탄탄한 국내 판매망을 갖고 있다. 아울러 국내시장에서 소비자 인지도 역시 높은 편이다.

● 선진국, 개도국에서 현지 완결형 생산체제 구축: 수출의 역사와 경험이 풍부해 다수의 국외 판매망 및 거점을 확보하고 있으며, 현지에서 완결되는 생산체제 구축을 위하여 많은 공장을 외국에 설립하였으며, 앞으로도 늘려갈 계획이다.

● 기술력 고(高) R&D 측면에서 우위: 독자기술기반이 확립되어 있어서 R&D 측면에서 우위를 지니고 있다. 특히 현대자동차는 도요타가 주력하는 '하이브리드'보다 호평받는 '클린 디젤'에서 강자로 부상했다. 미국 경쟁업체보다는 6년, 디젤엔진을 가진 혼다보다도 3년가량 앞서 있다는 평가나.

(2) 약점 Weakness

● 국내 생산 가격경쟁력 약화, 경직적 노사관계: 세계 자동차산업의 경쟁 양상은 브랜드 경쟁 및 가격경쟁으로 요약되는데 협조적 노사관계를 바탕으로 한 높은 생산성 유지는 장기 성장의 전제조건으로 인식되고 있다. 지난 19년 동안 한 해를 빼고 계속 파업을 벌인 자동차회사 노조는 세계에서 유례를 찾기 어렵다. 노조가 회사를 파트너가 아닌 투쟁의 대상으로 여기는 것이 가장 큰 문제다. 회사 측의 미흡한 노사관리도 현대자동차 노사문제를 곪아 터지게 하는 데 한몫했다. 현대자동차의 원만하지 못한 노사관계는 낮은 생산성과 브랜드 이미지의 하락은 물론이고 엄청난 손실액을 불러왔다. 많은 전문가가 현대자동차의 노사관계가 성장의 가장 큰 걸림돌이라고 지적한다.

● 규모의 경제에 따른 부작용(재고 부담): 경기에 민감하면서도 취약점이 많은 대량생산·대량판매 시스템을 채택하고 있기 때문에, 틈새시장 수요창출이 약하

며 경기가 하강하거나 침체하면 재고에 대한 부담이 상대적으로 크다는 점을 우선으로 들 수 있다.

● 지배구조 리스크: 대부분의 기업에서 나타나는 바와 같이 급격히 형성된 거대조직 때문에 의사결정과정이 복잡하고 의사결정속도가 느려 환경변화에 민첩하게 대응하기가 어렵다. 이는 경직적인 사고 때문인 조직 구성원의 유연성 확보를 어렵게 하고, 관료주의의식에 젖게 하는 문제점을 만들기 때문이다.

● 철강산업 직접투자, 비관련 다각화: 현대그룹이 1990년대 제철사업 진출이 무산된 것이 오히려 복이 되었다는 평가가 있었지만, 이번 현대자동차그룹의 제철사업 진출은 요즈음 국내외로부터 무리한 외연 확장이라는 평가를 받고 있다.

● 생산 현지화 고전: 앞서 언급한 현지 완결형 생산체제 구축이 강점으로 작용할 수 있으나, 환리스크 탈피를 위해 택한 세계화 특히 생산의 현지화가 위태롭다는 점이 약점으로 작용하고 있다. 비록 인도에서는 그나마 선전하고 있지만, 주력시장인 미국 앨라배마공장과 중국공장은 위태로운 지경에 빠져 있다. 계속해서 쌓여만 가는 재고 때문에 몇 번이나 공장가동을 중단해야 했다.

● 선진업체 대비 낮은 생산성과 높은 임금: 현대자동차 근로자는 도요타 근로자보다 생산품을 적게 만들고, 회사 이익에 적게 기여하면서 월급은 더 많이 받는다. 현대자동차가 자동차 한 대를 조립하는 데 걸리는 시간은 31.1시간이다. 도요타의 22.1시간은 물론 쇠락하고 있다는 미국의 GM22.1시간, 포드23.2시간에도 크게 뒤진다. 현대자동차의 영업이익은 도요타의 15분의 1 수준에 머물고 있다.

(3) 기회 Opportunity

- 내수시장 회복이 본격화됨에 따라 완성차 판매량 증가예상

- 국내시장 재편 및 국외생산체제 구축완료로 글로벌 점유율 확대, 매출성장과 마진확대 기대: 아직 미개척 국외시장이 존재하고 있어 이를 개방과 수용의 보완기회로 활용하면 상당한 경쟁력 확보가 가능할 것이다.

- 한·미 FTA 타결: 배기량 3,000cc 이하 차량에 대한 미국의 관세 철폐로 미국시장에서 가격 경쟁력을 높일 수 있고 특소세 인하로 자동차 내수시장 활성화가 기대된다.

(4) 위협 Threat

- 중국의 거센 도전: 중국 자동차산업은 무섭게 성장 중이다. 지난해 내수 판매 722만대로 일본을 제치고 세계 2위 시장으로 부상했으며 올해 900만대, 내년엔 1,000만대 돌파가 예상된다. 아직 중국 자동차 하면 값싼 차를 떠올리기 쉽지만, 현재와 같은 성장속도라면 한국을 따라잡을 날이 머지않은 것이다.

- 고급차시장에서의 수입차의 거센 도전: 혼다에 이어 닛산까지 고급차 판매만으로는 성에 안 차 대중차 분야의 한국 진출을 선언하고, 도요타마저 시기를 저울질하고 있다. 외국산 차의 국내시장 점유율은 아직 5퍼센트를 채 넘지 않았지만, 고급차 분야에서는 많은 사람의 인식이 바뀌었다.

- 치솟는 유가: 계속되는 유가 상승 때문에 많은 사람이 자동차 구매를 포기하거나 배기량이 적은 자동차를 구매함으로써 자동차시장에도 큰 영향을 미치고 있다.

● 자동차 관련 세율인상 및 환경규제 강화: 휘발윳값이 계속 인상될 가능성이 큰 가운데 법적 변화에 따라 자동차 보유 관련 법규 및 세제가 강화되고 있는 것도 간접요인으로 작용하고 있다.

◉ 다섯 가지 경쟁상황

(1) 대체제의 위협

승용차에 대한 대체재로 대중교통수단이 있지만, 이들 역시 완성차업체에 의해 제조되기 때문에 완성차에 대한 대체재는 없다고 볼 수 있다.

(2) 산업 내 기존 기업들과의 경쟁

현재 현대자동차는 대우자동차가 매각된 이후 국내 자본의 유일한 자동차회사로써 경쟁사들을 보면 한국GM, 르노삼성, 쌍용자동차가 있다. 한국GM 같은 경우에는 최근 많이 좋아지고 있지만 부정적인 이미지가 강하기 때문에 신뢰도 회복이 쉽지 않은 상황이고, 르노삼성은 차종이 적어 경쟁이 되지 않는다고 판단된다. 마지막으로 쌍용자동차 같은 경우도 중국상하이자동차에 이어 인도 마힌드라에 매각되었다는 것이 상당히 이미지가 떨어졌으며 차종 역시 지프 쪽에 한정되어 현대자동차와 경쟁이 되지 않는다. 외국산 차 수입에 제재를 가하는 정부의 도움으로 수입차의 국내 판매량이 10퍼센트를 넘지 않기 때문에 전 기종에 대해 다양한 모델을 가지고 브랜드 인지도가 좋은 현대자동차 쪽으로 소비자들이 기울게 되고 이 때문에 국내시장점유율 50퍼센트 이상 확보에 큰 어려움이 없다고 결론지을 수 있다(그러나 수입차의 점유율이 늘어가고 있어 방심해서는 안 된다고 본다).

세계시장에서 현대는 7위에 있으며 10년 안에 전세계적으로 다섯 곳의 자동차기업만이 살아남는다는 전망이 있으며 갈수록 치열한 경쟁이 심화하고 있다. 지난 100년간의 자동차 역사는 유럽과 미국의 자동차산업이 이끌어 왔지만, 전환점에 놓여있는 지금은 이미 도요타를 위시한 일본 자동차산업이 사실상 독주하고 있다. 현대자동차로선 일본 차에 밀려 성장에 다소간에 차질을 빚을지도 모른다. 이 때문에 하이브리드와 수소연료 자동차 부분에 대한 연구개발과 시장선점이 치열할 것으로 예상한다.

(3) 구매자의 교섭력

현대자동차를 사는 일반 소비자들은 현대자동차보다 교섭력이 상당히 약하다고 볼 수 있다. 왜냐하면 우선 자동차업체들이 제한되어 있으며 모델 또한 상당히 제한적이기 때문이다. 그리고 수입차의 경우에는 정부의 보호정책 아래 상당한 고가에 팔기 때문에 쉽게 사기 어렵고 이렇게 해서 자연적으로 전 기종에 걸친 모델을 두루 가진 현대자동차를 살 수밖에 없는 시장상황이기 때문에 그들의 고객에 대한 교섭력은 상당히 강하다고 볼 수 있다. 그러나 이것은 국내에만 해당하는 이야기이고 글로벌시장에서는 현대자동차의 고객에 대한 교섭력은 약하다고 볼 수 있다. 세계 자동차시장에서의 현대자동차의 점유율은 미미하므로 소비자들이 선택할 수 있는 폭이 넓고 가격 인하, 품질향상 또는 서비스 개선을 요구할 수 있다.

(4) 공급자의 교섭력

현대자동차는 현대에 부품을 납품하는 자동차 부품업체에 대한 협상력이 높다고 볼 수 있다. 현대자동차 노조의 파업과 국외 수출에서 가격 경쟁력을 높이기 위해서 협력업체들에 무리하게 낮은 단가로 부품을 요구하고 있으며, 소규모 하청업체 같은 경우에는 울며 겨자 먹기로 무리한 납품을 할 수밖에 없는 처지다. 그 이유는 현대자동차에 납품할 때 그에 맞는 부품생산라인을 세우기 때문에 다른 업체로 납품하기 위한 비용전환이 크기 때문이다. 그뿐만 아니라 정기적인 단가인하 압력을 행사하여 부품업체의 불만을 사고 있다고 한다.

(5) 잠재적인 진입자

잠재적 진입자에 대한 위협은 자동차산업 자체가 워낙 규모의 경제가 중요시되고 이에 따라 초기 투자비용이 엄청나다. 한마디로 장벽이 매우 높아서 대기업이라고 할지라도 섣불리 진입하기가 어렵고 진입을 한다고 해도 M&A를 통한 진입이 아니라면 시장 점유율을 확보하기가 어려워서 이런 잠재적 진입자의 위협은 적다고 볼 수 있다.

핵심 성공요소	산업 내 경쟁적 위치		
	강	중	약
시장점유율	○ (국내)		
각 제품의 시장 성장률		○	
제품라인의 다양성		○	
판매 유통의 효율성		○	
보유자산가치		○	
가격경쟁력		○	
광고. 홍보의 효과성			○
산업설비의 위치성과 신규설비 장착률	○		
노동생산성			○ (선진업체대비)
경험곡선 효과		○	
부가가치 창출			○
상대적 제품 품질		○	
R&D 우위/위치	○		
현금 확보 및 흐름		○	
고용인원의 우수성		○	
기업 이미지			○

● **경쟁우위 전략: 가격대비 품질이 좋은 차**

경쟁우위의 유형은 제품을 낮은 비용으로 만드는 비용 우위전략과 고객에게 높은 가치를 주는 독특한 제품/서비스를 창출하는 차별화 우위전략이 있다.

자동차시장은 전형적인 과점시장의 형태를 띠고 있기 때문에 현대자동차는 뛰어난 디자인과 광고, 품질을 강조하는 차별화 우위를 내세우고 있으며 효율적인 규모의 설비투자와 제작이 용이한 제품 디자인, 간접비와 연구개발비용을 증가시키는 비용 우위를 사용하고 있다. 두 가지의 우위전략은 상충 관계여서 두 개 다 달성하기는 어렵지만, 현대자동차는 '가격대비 품질이 좋은 차'를 만드는 데 주력하고 있다.

(1) 차별화 우위전략

● 품질경영: 정몽구 회장은 품질 경쟁력을 높이기 위해 지난 2000년부터 핵심전략을 품질경영에 두었다. 그 성과로 안전성은 충돌테스트에서 최고치를 기록했으며, 아반떼HD는 주유 한 번으로 국내 전국일주를 할 수 있을 정도의 높은 연비를 자랑하고, 블라인드 테스트에서 쏘나타가 도요타의 동급차량보다 우위를 차지했다. 또한, 미국 JD파워 대형차 부분에서 그랜저_{수출명 아제라}가 1위를 차지하는 등 뛰어난 품질을 자랑하고 있다. 게다가 현대자동차는 2004년 초기 품질지수_{IQS}에서 도요타를 처음 따라잡은 데 이어 작년에도 도요타보다 한 단계 높은 3위를 기록했다.

● 광고전략: 그 밖에 현대자동차의 광고전략으로는 10년 10만 마일 보장, 블라인드 테스트에서 도요타 제품보다 우위를 차지했다는 광고, 안전성 테스트에서 최고치를 기록했다는 광고를 통해 신뢰와 더불어 브랜드 이미지를 제고했다.

(2) 비용 우위전략

자동차산업 부분은 규모의 경제가 매우 중요한 산업이기 때문에 비용 우위 전략을 기업의 사활로 걸을 만큼 중요하다. 이러한 관점에서 현대자동차의 비용 경쟁력은 신제품 개발비용, 양산차 제조생산성, 금융비용 등을 포함하는 총체적인 비용개념으로 가격경쟁력과 수익성에 결정적인 영향을 미치고 있다.

현대자동차는 이미 국내시장의 70퍼센트 정도의 점유율을 가지고 있으며 제조·생산 면에서의 대규모 생산라인을 통한 규모의 경제로 인해서 비용 우위를 점하고 여기에서 나오는 막대한 자금력 때문에 높은 R&D 비용을 쏟아 붓고 있다.

◉ 현대자동차 국외진출의 성공 요인

현대자동차는 국내시장의 좁음을 인지하고 미국이라는 넓은 시장에 진출하려 했다. 79년 그들의 미국시장 진출은 실패로 돌아가는데 그 원인은 미국시장 진출 시에 검사를 받게 되는데 그 검사에서 부적격 판정을 받아서였다. 그 이후 초점을 캐나다로 옮겨서 눈에 띄는 성공을 거둔다. 그 이후 다시 미국시장에서 성공을 거두며 현재 현대자동차는 세계 10위권에 드는 거대한 기업으로 성장하였다. 그러면 이러한 현대자동차가 국제시장에서 성공을 거두게 된 배경과 그 요인에 대해서 알아보도록 하겠다.

(1) 독자적인 제품기술 확보를 통한 압축성장

현대자동차와 미쓰비시자동차의 역전 드라마는 현대자동차의 압축성장을 단적으로 잘 보여준다. 미쓰비시는 현대자동차에 엔진 기술을 전수한 스승이었지만, 지금은 로열티를 내고 현대자동차의 기술을 가져다 쓰는 처지가 되었다. 서로의 처지가 바뀐 것이다. 생산, 판매, 기술, 품질 등 모든 면에서 미쓰비시는 현대자동차의 경쟁 상대가 못 된다.

현대자동차는 1973년부터 기술자립전략을 세워 각고의 노력 끝에 독자적인 제품기술을 확보했다. 승용 디젤엔진을 비롯해 소형 및 초대형 상용 디젤엔진에 대해서는 독자기술을 갖추고 있으나 중소형, 중형, 대형급 상용 디젤엔진은 일본 미쓰비시로부터 기술을 이전받아왔던 현대자동차는 순수 독자기술로 중소형, 중형, 대형 상용 디젤엔진 개발에까지 성공해서 소형에서부터 초대형에 이르는 상용 디젤엔진의 완전 독립을 선언했다.

이로써 현대자동차는 순수한 독자기술을 통한 승용·상용 디젤엔진 풀라인업을 구축하게 됐으며, 승용에 이어 상용부문에서도 글로벌 경쟁력 확보의 교두보를 마련하게 된 것이다. 수많은 개도국이 자국의 자동차산업 육성에 나섰지만 끝내 성과를 거두지 못한 것도 다름 아닌 독자기술 획득에 실패했기 때문이라고 하는데, 현대자동차의 이러한 독자적인 기술확보가 또 다른 성공 요인이 아닐까 싶다.

(2) 정몽구 회장의 리더십

외환위기 이후 정몽구 회장 체제가 들어서면서 현대자동차는 놀라운 성장을 거듭했다. 이전 30년간의 기반이 있었기에 가능했지만, 최근 10년간의 압축성장은 이전 30년을 뛰어넘는다는 것이 전문가들의 대체적인 평가다. 현대자동차가 외환위기에서 조기에 탈출할 수 있었던 것도 정 회장의 리더십에 있었기에 가능했던 것이다.

외환위기 이후 10년간 현대자동차의 가장 큰 성과 중 하나로 'Globalization'을 꼽을 수 있다. 인도공장을 증설하고, 중국에 생산거점을 확보함으로써 신흥 개도국의 수요를 선점하면서 이를 바탕으로 지금까지 높은 성장세를 유지할 수 있었다.

사실 내수시장은 외환위기 직후인 1998년을 바닥으로 1999년부터 급격히 회복됐고, 이 시기 환율 상승은 오히려 좋은 수출 환경을 제공했다. 여러 가지 이유로 '재무적 리스크'를 증가시키는 '글로벌 확장전략'에 반대가 많았지만, 정 회장은 과감하게 국외진출전략을 밀어붙였다.

(3) 품질 제일주의

정 회장은 취임 초기 리콜 사례가 빈발하자 현대자동차의 관리자급 임직원들로부터 '신차 결함 때는 어떠한 책임도 감수하겠다'는 각서를 받기도 했다.

정 회장은 '6시그마 제도'를 도입하고 TQC전사적 품질관리, VE가치공학, TPM전사적 예방보전, CR원가절감 등 다양한 품질개선운동을 전개했다. 2002년에는 품질총괄본부를 설치했고 2003년에는 북미에도 국외품질조직을 신설했다.

지난 2000년 미국에서 '10년 10만 마일 보증제도'를 도입할 때도 주변에서 재무적 부담이 너무 커질 수 있다며 극구 만류했지만, "고장 나지 않는 차를 만들면 될 것 아니냐"며 저돌적인 추진력을 보여준 일화는 정 회장의 품질혁신에 대한 의지를 잘 보여준다.

(4) 시장기회 요인

시장기회 요인으로는 먼저 북미시장의 경기 회복을 들 수 있다. 1980년대 중반을 고비로 북미시장은 산업경기가 회복세에 접어들었는데 이에 따라 소비자의 자동차 수요가 증가했다. 한편 북미시장 최대의 자동차 수출국인 일본이 자율규제조치의 일환으로 소형차 위주에서 중형차 위주로 수출차종의 구조조정을 하였다. 이 관계로 현대자동차의 전략형 소형차인 엑셀의 시장침투가 비교적 용이했다. 1985년 미국 플라자 합의 이후, 상대적 엔고에 1달러당 800~900원대의 환율 상승의 이점으로 가격경쟁력까지 획득할 수 있었던 것으로 평가되고 있다.

(5) 가격 우위

1987년 미국의 권위 있는 소비자 전문지인 《Consumer Report》지는 포니 엑셀의 미국시장 판매가격이 5,195달러_{기본형 가격 기준}로 동급 차종인 도요타 터셀_{5,845달러}에 비해 12.6퍼센트, 혼다 시빅_{5,849달러}보다 12.6퍼센트, 닛산 센트라_{6,299달러}보다는 무려 21.3퍼센트 가격이 저렴한 것으로 발표하였다. 또 포드의 에스코트_{6,585달러}에 비해서도 26.8퍼센트가 저렴하였고, 같은 개도국인 브라질 폴크스바겐의 폭스_{5,690달러}보다도 9.5퍼센트 가격이 저렴하였다. 결국 `포니 엑셀'은 유고 자스타바의 유고_{3,990달러}를 제외하면 미국시장에서 가장 저렴한 가격의 소형 승용차였던 것이다. 1996년 액센트의 미국시장 판매가격_{기본형 가격 기준}은 8,285달러로 동급차종인 도요타 터셀의 판매가격_{1만 348달러}보다 19.9퍼센트 저렴하다. 또 1996년식 엘란트라의 미국시장 판매가격은 1만 899달러로 동급차종인 도요타

카롤라보다 17.6퍼센트 싼 것으로 나타났다. 미국시장 진출 초기인 1987년 ‘포니 엑셀’의 판매가격5,195달러이 도요타 터셀5,845달러에 비해 11.1퍼센트 저렴하였던 점에 비추어 일본 자동차와의 가격 우위는 여전히 큰 편이다.

(6) 비용 우위

현대자동차는 1998년 기아자동차를 인수함으로써 ‘규모의 경제’를 누리게 됐다. 원재료 구매에서 연구개발에서 큰 폭의 비용절감을 실현하고, 기아차와 더불어 내수시장에서 강력한 지배력을 확보할 수 있었다. 이는 수익성 증대로 이어졌고 현대자동차는 탄탄한 내수시장을 바탕으로 글로벌 확장전략에 더욱 힘을 쏟을 수 있었다.

(7) 시장진출전략

진출전략은 첫째 단계로 현지법인 설립에 의한 현지판매전략이었다. 현지판매전략을 취한 이유는 현지판매 극대화를 노리면서 동시에 장래 발생할 수도 있는 수입규제에 효과적으로 대응하고자 했기 때문이다. 둘째 단계로는 현대자동차만을 독점 판매하는 우수한 싱글 포인트 딜러십 판매망을 구축하는 것이다. 독점판매망을 통해 저가격의 소형차인 포니 엑셀을, 선진 메이커들의 중대형차 판매에 끼워 넣은 것이 아니라 독점 판매해 타이밍에 적절히 맞춰 판매 극대화를 이룩할 수 있었다. 셋째 단계로는 판매개시 전 완벽한 부품공급체계를 구성하는 것이다. A/S에 철저한 주의를 기울여 고객불만사항의 발생을 최소화할 수 있었다.

'Cars that Make Sense'란 캐치프레이즈 하에 가격·성능·디자인·A/S의 우수성을 강조하는 브랜드 이미지를 미국소비자의 신뢰감에 연결하는 집중적인 광고전략을 채택하였다.

(8) 독자모델 개발

● 당시의 환경

한국이 고유모델의 양산체제를 추진하던 바로 그 무렵인 1973년 10월, 중동전쟁이 발발하면서 제1차 유류파동이 시작되었다. 유가가 폭등하면서 세계적 불황이 시작되었고, 유가와 수요의 연관관계가 높은 자동차산업의 장래 역시 불안할 수밖에 없었다. 실제로 선진국에서는 자동차공장의 생산감축과 공장 폐쇄가 추진되었다. 국내수요는 물론 기술적 여건조차 갖추어지지 않은 상황에서 석유파동까지 겹친 만큼 고유모델의 양산투자는 유보되는 것이 당연했겠지만 현대는 그렇지 않았다. 모험적이라기보다는 무모함에 가까웠다.

당시 국내 기업 가운데 GM코리아가 제일 먼저 고유모델의 생산계획을 포기했다. 뒤이어 기아자동차도 고유모델 개발투자를 중단했다. 그러고는 일본제 부품을 도입해 브리사를 조립 판매하기로 했다. 현대를 제외하면 한국의 자동차기업들은 사실상 조립생산체제로 회귀했던 셈이다.

모든 것이 부정적인 여건하에서 현대의 추진력은 어디서 비롯되었는가? 당시 한국정부가 중공업 육성에 강한 의지가 있었고, 최고통치권자가 자동차산업에 보여준 관심은 지대하였다. 그러나 정주영이라는 개인의 기업가적 정신이 더욱 크게 평가되어야 할 것으로 본다. 특정개인의 심리와 행동분석은 이

보고서의 범위를 넘어서는 것이지만 한 가지 분명한 것은 '개척과 창조, 적극적 의지'의 기업가정신이 오늘날 현대자동차, 나아가서 한국 자동차산업의 토양이 되었다는 점이다.

(9) 수출산업화와 낙관적 비전

현대자동차가 고유모델 개발과 함께 연간 5만 대의 양산공장을 건설할 때, 국내 승용차시장규모는 1만 대를 겨우 넘는 수준이었다. 그리고 현대자동차는 불과 5,000대의 시장만을 확보하고 있었다. 누가 생각하더라도 과잉생산능력이 우려되었다. 그러나 현대의 생각은 달랐다. 남는 물량은 수출하면 해결될 수 있다는 것이었다. 사실 현대자동차는 고유모델 `포니'를 이탈리아의 이탈 디자인사에 설계용역 할 때부터 수출을 염두에 두고 서구적 스타일로 디자인해줄 것을 주문하였다. 또 연간 5만 6,000대의 양산공장도 내수 2만 6,900대, 수출 3만 대의 목표1978년 계획로부터 출발하였다. 당시 정주영 회장은 자동차의 제품 사이클상 선진국의 경쟁력이 조만간 쇠퇴할 것으로 믿었다. 선진국의 자동차공업은 원가 면에서 인건비 부담이 늘어나고 있고, 노동자들의 취업기피 현상 때문에 노동력 확보가 어렵고, 잦은 노사분규로 생산성이 저하되고 있으며, 공장 대지도 확보하기 어렵다는 부담도 있기 때문에 자동차공업의 비교우위가 미국, 일본 등 선진국으로부터 한국 등 개도국으로 반드시 이전될 것으로 믿었다.

● 독자모델 개발

그리고 현대는 자동차산업의 수출 산업화에 강한 자신감을 느끼고 있었다.

그러나 내수와 달리 수출은 국제시장에서 경쟁력을 갖추어야만 가능하기에 고유모델의 성공이 보장되지 않은 상황에서 수출 수요를 염두에 둔 선행투자는 대단히 '위험한 결심'이라 할 수 있다. 정상적이라면 내수시장에서 먼저 점검을 하고 수출로 이어져야 했을 것이다. 그러나 현대의 생각은 일단 양산공장을 짓는 목적이 '규모의 경제'에 있는 만큼 처음부터 수출시장을 확보해야 경쟁력을 가질 수 있다는 것이었다. 즉, 양산공장 건설과 수출 산업화는 동시에 이루어져야 한다는 것이었다. 정주영 회장은 "자동차산업은 국제규모의 양산체제를 갖춰야 생존할 수 있는데 양산체제는 좁은 국내시장을 상대로 해서는 무리이기 때문에 수출을 목표로 해야 하며, 수출을 하려면 반드시 독자적인 고유모델 자동차를 생산해야 한다"라고 생각했었다. 그리고 다국적기업과의 합작에 대해서는 "다국적기업은 우리에게 수출의 길을 열어주지 않을 뿐만 아니라 진정으로 자동차공업의 발전을 돕지 않는다"는 견해를 밝혔다.

처음부터 고유모델의 양산공장을 통해 독자적인 수출 산업화로 추진하겠다는 의지였다. 현대의 계획은 적중했다. 최초의 고유모델 '포니'는 출범 첫해인 1976년 1,019대 수출을 시작으로 1977년 7,427대, 1978년 1만 8,317대가 수출됨으로써 계획 당시의 수출 목표를 어느 정도 충족할 수 있었다. 불과 3년 전까지 외국 브랜드를 단순조립하던 한국자동차산업이 비록 규모는 1만 8,000대에 불과하였지만 단숨에 자동차 수출국으로 도약하게 된 것이다.

'할 수 있다'는 자신감은 10년 후인 1986년 후속모델인 '포니 엑셀'의 미국시장 진출로 이어졌다. 진출 첫해에 단일 차종으로 단일시장에서 16만 9,000대가 팔렸고 이듬해인 1987년에는 26만 4,000대가 판매됨으로써 미국시장 수출규모

만으로도 연산 30만대의 최소경제규모를 실현하게 되었다. 비록 미국시장의 진출과 성공이 전광석화와 같은 것이었지만, 이 역시 정주영 회장의 '낙관적 비전'이 일구어낸 결과였다.

1981년 엑셀의 후속모델인 '포니 엑셀'을 개발할 때부터 신형차의 생산라인은 30만대로 결정했다. 1981년 당시 국내 승용차 생산실적은 6만 6,000대에 불과했고, 자동차산업이 합리화 업종으로 지정될 정도로 깊은 불황에 빠져 있었던 점을 고려하면 현대의 계획은 무모한 것으로 여겨질 수 있었다. 그러나 30만대의 양산라인은 국제경쟁단위의 최소규모로 생각되었기 때문에 강력하게 추진하였다. 결국 1986년 2월, 약 4,000억 원을 투자하여 30만대 조립라인을 완공했다. 이런 모험적 투자가 훗날의 성공을 만든 것이다.

█ 현대자동차의 이슈 및 문제점

● 한·미 FTA

(1) 긍정적인 측면: 배기량 3,000cc 이하 차량에 대한 미국의 관세 철폐로 미국시장에서 가격 경쟁력을 높일 수 있고 특소세 인하로 자동차 내수시장 활성화가 기대된다는 점이다.

(2) 부정적인 측면: 국내 수입자동차에 대한 관세가 없어짐으로써 미국산 자동차 가격이 내려가 내수시장의 경쟁이 더욱 치열해질 수 있다.

미국시장 공략강화	가격 인하를 통한 시장 공략은 환율하락 등 외부 변수 때문에 한계를 가질 수밖에 없으므로, 품질과 브랜드 가치 등 근본적인 경쟁력 강화가 중요하다. 따라서 현대기아자동차는 관세철폐에 따라 절감된 비용 중 상당 부분을 마케팅과 홍보활동에 투자하고 브랜드 인지도를 높이는 데 집중해야 한다.
내수시장 수성	수입차 업체들이 가격 인하에 덧붙여 저금리의 할부 프로그램을 시행하는 등 공격적인 판촉활동에 나설 것에 대비해 다양한 마케팅 전략을 구상하고 있다. 현대기아차는 특소세 인하가 국산차에도 적용되는 만큼 가격 경쟁력을 최대한 확보하는 한편, A/S네트워크 등이 수입차보다 우월한 점을 적극 활용해 내수시장을 지켜야 한다.

● 노사갈등

현대자동차 노조는 1987년 설립 이래 20년 동안에 단 한 해를 빼고 매년 파업을 한 진귀한 기록을 갖고 있다. 요즘 세상에 파업을 하는 자동차회사는 현대자동차와 기아자동차를 제외하고는 없다. 현대자동차의 비협조적인 노사관계는 만성적이며 성장의 큰 걸림돌이 되고 있다.

2007년 현대자동차는 사상 두 번째 무분규 임금협상 타결에 성공했지만, 인건비 증가라는 비용을 감수했다. 세계 자동차산업의 경쟁양상은 브랜드 경쟁 및 가격경쟁으로 요약되는데 협조적 노사관계를 바탕으로 한 높은 생산성 유지는 장기 성장의 전제조건으로 인식되고 있다.

자동차회사를 평가하는 기준이 여러 가지 있지만 대표적인 것이 노동생산성이다. 노동생산성은 경쟁력을 결정하는 지표의 하나이기 때문이다. 현대자동차그룹의 생산성은 일본제조업체는 물론 미국업체보다도 낮다.

현대자동차가 임단협을 파업 없이 타결 짓는 대가로 격려금 200만 원과 현대자동차 주식 30주씩을 무상으로 주기로 했다. 그렇게 올린 올해 임금 인상액이 도요타의 두 배를 넘는다고 한다. 세계 제1의 도요타는 허리띠를 졸라매는데 현대자동차에는 위기의식 자체가 없다.

노조에 양보함으로써 발생한 원가부담을 어디서 보충하는가? 결국 부품업체밖에 갈 데가 없다. 유통과정에서 짜내야 한다. 그러니 대리점 딜러 조직이 죽어나고 결국 소비자에 대한 서비스가 부실해질 수밖에 없다. 물론 생산라인에서 합리화 요인을 찾기도 해야겠지만 노조에 발목이 잡힌 상태에서 어느 정도나 실효가 있을지 의문이다. 노조만 협조해 준다면 현대자동차의 경쟁력은 급신장할 수 있다고 본다.

해결방안 및 대응책

도요타	도요타는 창립 이래 무파업과 노조의 임금자진동결이라는 기록을 이어가고 있다 도요타의 노사협상은 믿음이 바탕이 돼 세계 자동차업계에서 가장 효율적인 노사협상의 전형이 되었다.
독일 자동차업계	독일 자동차업계는 노사협상을 전문화하고 개별기업의 노사 문제는 협의체 방식으로 운영해 갈등을 최소화하고 있다.

미국 자동차업계	미국 자동차업계는 모범적인 노사관계가 있지는 않지만, 미국 자동차시장 침체와 일본, 독일 등 경쟁업체들의 약진을 견제하기 위해 노사가 저비용 경영의 필요성을 절감하고 있다. 세계 최대자동차업체인 GM 노조는 2003년 전미자동차노동조합이 제시한 2년간 임금동결, 의료비와 연금 소폭인상안에 합의했다. 이는 가급적 분규를 피하고 합리적인 타협으로 실리를 챙기는 방향으로 전략을 선회한 것이다.

● 환경경영

현재 유가 상승과 화석연료 고갈 우려, 그리고 환경오염 문제 때문에 세계 굴지의 자동차기업들은 앞다투어 연료효율이 높고 친환경적인 하이브리드차와 수소연료 자동차의 개발과 보급에 열을 올리고 있다. 하이브리드는 현재 도요타의 프리우스를 선두로 하여 혼다의 인사이트, 그 밖에 폴크스바겐과 GM 등에서도 하이브리드의 개발과 보급에 힘쓰고 있으며 현재 프리우스의 가격은 2만 달러 수준으로 가격 면에서도 충분히 이점이 있기 때문에 앞으로도 수요가 급증할 것으로 보인다.

수소연료 자동차는 아직 실용화 단계는 아니지만 꿈의 자동차로 불릴 정도로 연비와 환경오염에서 우위에 있기 때문에 유수의 자동차업체에서는 수소연료 자동차의 개발에도 힘을 쏟고 있기 때문에 수년 안에 상용화가 될 것으로 보인다. 현대자동차에서 개발한 하이브리드차는 현재 기술 면에서 문제점과 더불어 동종 일반차량보다 세 배나 비싼 가격 때문에 경쟁력이 부족하고 수소연료 자동차에 관한 기술도 부족하다.

해결방안 및 대응책

> 대응책은 기존 차량의 연료효율을 높이고 화석연료를 대체할 수 있는 차세대 친환경 차량을 개발하는 데 전사적인 역량을 집중하는 것이다. 아직까지는 다른 선진업체에 비하여 기술력이 상당히 떨어지지만, 꾸준한 기술개발을 통하여 노력한다면 곧 그들을 따라잡을 수 있다고 생각한다. 또한, 다른 나라에 비해서 정부의 지원이 부족하다고 한다. 그러므로 정부의 적극적인 지원이 필요하다고 본다.

● 현재 현대자동차의 환경경영

현대자동차는 특히 연료전지 자동차 부문에서 높은 기술력을 확보하고 있다. 모터쇼에서는 3세대 연료전지 콘셉트카 아이블루i-blue를 선보였다.

아이블루는 현대자동차 일본기술연구소에서 100퍼센트 독자기술로 개발한 차량으로 100킬로와트kw의 출력으로 최고 시속 165킬로미터의 속도를 낸다. 한 번의 충전으로 600킬로미터를 달릴 수 있다. 가장 시장 친화적인 기술을 개발하고 선택하는 데 현대자동차를 비롯한 전세계 자동차업계의 성패가 달려 있다고 하니 앞으로도 전력을 다하는 기술개발의 노력이 필요할 것이다.

　　현대자동차에 관한 조사 중 많은 한국인이 불매운동을 하는 것을 알 수 있었다. 현대자동차의 노조파업에 따른 불매운동이 가장 큰 원인이었으나, 현대자동차의 국내시장에서의 가격이 국외시장에서의 가격보다 더 비싸다는 이유로 불만을 품은 사람도 많았다. 현대자동차의 독과점으로 자동차의 가격은 계속 올라만 가고 그래도 계속 구매를 해왔던 많은 소비자가 현대자동차에 관한 안 좋은 이미지를 많이 가지기 시작했다.

　　현대자동차는 국내에서의 브랜드 이미지 관리와 고객만족프로그램을 강화시킬 필요가 있다고 생각한다. 현재 현대자동차는 국내시장 점유율 50퍼센트 이상을 차지하고 있다. 이러한 점을 활용하여 지금 현대자동차를 타고 다니는 사람들이 만족하여 다음에도 구매하고, 또 그 사람들의 추천으로 다른 이들이 현대자동차를 구매한다면 계속하여 판매가 늘어날 것이다. 더는 노조파업으로 소비자에게 안 좋은 이미지를 심어주지 않고, 국외시장보다 국내시장의 현대자동차가 왜 더 비싼지 이해할 수 있게끔 충분한 설명을 해주어 불만을 줄여주어야 할 것이다. 또한, 수입차에 대해서는 앞서 언급하였듯이 가격 경쟁력을 최대한 확보하는 한편 A/S네트워크 등 수입차보다 우월한 점을 적극 활용하여 견제해야 할 것이다.

● 낮은 브랜드 이미지

　　자동차는 기본적으로 미국과 일부 유럽국가 및 일본 등의 선진국들이 독점해온 상품이기 때문에 국산차는 기본적으로 가격이 저렴하다는 이점을 내세워서 시장을 키워 왔다. 그러나 미국시장에서 시장점유율을 더 높이기 위해서는 중저가 차량 공급자로서의 브랜드 이미지를 개선하는 것이 절대적으로 필요하다.

　브랜드 이미지를 측정하는 기준은 중고차 가격이다. 도요타, 혼다 등 일본차의 성공은 뛰어난 내구성, 즉 중고차 가격에 있다. 현대자동차가 초기 품질을 개선했다는 평가를 받고 있음에도 내구품질(VDS)은 동급 일본차에 비해 취약하다. 중고차 가격이 저렴하다는 것은 현대자동차의 내구성에 문제가 있다는 것이고, 내구성에 문제가 있으면 판매 신장으로 이어지지 않는다. 도요타가 질 좋은 소형차 메이커에서 최고급승용차인 렉서스(Lexus) 발매를 통해서 비약적인 성공을 거둘 수 있었던 이유는 뛰어난 내구품질로 중고차의 재판매 가치를 유지할 수 있었기 때문이다. 내구품질을 개선하지 못하는 한 현대자동차그룹의 성장동력은 비관적이다. 성장동력이 약화하면 매출이 늘지 않고 4.5퍼센트 수준에 있는 영업이익률이 감소하게 마련이다. 경쟁력의 약화는 존립 자체의 위기로 귀결되는 것이다.

LG CNS

업종 분석

● 업종의 정의

IT 서비스란 기업 및 공공기관 등의 정보 시스템을 구축해주고 이를 운용하는 데 필요한 제반 서비스를 제공하는 것이다. 과거에 주로 쓰이던 SI~System Integration~와의 차이점은 SI가 약 2~5퍼센트 정도의 낮은 순이익률과 현장 업무 중심이라는 점과는 달리 IT 서비스는 정보 시스템 관련 기획 및 컨설팅에서 시작하여 시스템 분석까지 하는 것을 말한다.

● 업종의 특징

(1) 낮은 진입 장벽과 저가입찰

국내 IT 서비스시장은 신고제인 관계로 신규 설립 시 제도적 진입 장벽이 없고, 대규모 초기 시설투자가 불필요하여 자본 진입 장벽도 낮은 완전경쟁시장이다. 이렇게 진입 장벽이 낮고 차별화 요인이 크지 않아 업체 간의 가격경쟁이 치열하게 일어나는 특징이 있다. 최근에는 장기계약체결방식에서 단기계약 발주로 전환이 가속화되고 있으며 SLAService Level Agreement에 대해서는 엄격한 적용을 하고 있어 업황은 더욱 타이트해지고 있다.

(2) 경기 민감성이 높은 산업

고용창출 효과가 크고 지식집약적산업이기는 하지만 기업들의 시스템 투자가 노후화에 따른 교체주기를 따르는 관계로 경기 변동에 민감한 편이다. IT 투자는 비용절감을 하기가 쉽고 투자에 대한 성과가 가시화되기 어려워서 경기 침체기에 선행하여 줄어들고, 경기 회복이 되고 나서야 후행해서 집행하는 특징을 나타낸다. 또한, 1년 이상의 중장기적 계약사업이므로 계절적 변동요인이 낮긴 하지만 주로 공공 및 기관의 예산집행이 하반기에 집중되기 때문에 1분기에서 4분기로 갈수록 매출이 급증하는 패턴을 보여주게 된다. 하지만 최근 구축방식이 항시적인 업그레이드 및 개선, 그리고 아웃소싱 증가의 형태로 진행되면서 투자 규모의 기복이 축소되고 IT 투자 사이클도 완만해지고 있다.

(3) 계열 의존도가 높은 산업

대형 IT 서비스업체들은 주로 대기업들의 전산실에서 분사되어 설립된 관계로 그룹 관계사의 IT 서비스 용역 중심으로 수주하고 있다는 점이 특징이다. 특히 계열사 의존도가 높은 이유는 차세대시스템이나 ERP시스템이 해당 기업 전반에 대한 이해가 선행되어야 하기 때문이다. 일각에서는 기업 IT 서비스시장에 대한 외부 기업 진입 장벽이 국내 IT 서비스산업의 경쟁력을 저하한다는 비판도 있으나, 단발적이고 가격 중심의 수주에서 벗어나 안정된 내부 수요 기반으로 장기적인 역량 증가가 가능하다는 긍정적 요인도 존재한다. 일반적으로는 SI프로젝트는 1~2년 OS프로젝트는 3~5년으로 계약이 체결되는데, 관계사 및 계열사에 대한 계약기간은 5년 이상으로 장기적이라는 점도 특징이다. 또한, 아웃소싱의 영업 이익률은 10퍼센트, SI는 5퍼센트 내외로 알려졌는데 계열사 간 내부 아웃소싱의 영업 이익률은 평균보다 높은 것으로 알려졌다.

기업 분석

PEST의 이해

Political

한국방송광고공사 수익관리시스템 구축전략 수립 컨설팅 및 PI 수행, 국세청 차세대시스템 구축을 위한 컨설팅, 파라과이 ICT 마스터플랜 수립사업, LG전자 중국법인의 디지털 마케팅을 위한 진단 및 대시보드 구축 등이 LG CNS가 구축한 주요 사례들이다. 또한, 시스템 통합으로 공공 부분PUBLIC HECTOR에서 재정서비스, 국세서비스, 금융 부분에서도 많은 사업이 진행된다. 이런 큰 사업들을 진행하기 위해서는 국가와 관계유지, 허가를 받는 등 관계구축이 중요 요인이 된다고 생각된다.

거시적인 측면에서 살펴보면 IT 서비스시장의 특성 및 성장과 관련이 깊다. 일반적으로 기업들의 IT 투자는 시스템의 노후화에 따라 일정한 교체주기를 가지기도 하지만, IT 서비스산업도 국내외 경기 변동 및 공공정책의 영향을 받는다. 일반적인 경우 기업은 설비 투자를 집행한 후 IT 투자를 집행하기 때문에 IT 서비스산업은 경기의 후행적인 성격을 가지게 된다. 공공시장은 경기 변동에 의한 영향보다는 정부의 IT 투자계획이나 공공기관의 대형 프로젝트 발주 여부에 영향을 받기도 한다. IT 서비스산업은 타 산업보다 계절적 변동요인에 따른 민감도가 매우 낮은 편이다. 다만 고객 예산의 집행 및 투자가 주로 하반기에 집중되는 경향이 있다.

국내 IT 서비스시장은 전반적인 경기 침체에 따른 시장축소 및 기업들의 전반적인 IT 투자 축소로 인하여 경쟁 강도가 심화하는 상황이다. 이러한 환경에도 LG CNS는 공공과 금융 부문을 중심으로 한 경쟁(그룹 외)시장에서 지속적인 경쟁우위 유지를 위한 노력을 진행하고 있다. 2010년 2월에는 대기업 최초로 데스크톱 클라우드서비스를 제공하고 있는데 업무를 보던 파일을 회사 PC는 물론 노트북, 스마트폰, 태블릿PC 등에서 연장작업을 시행할 수 있다. LG CNS가 만든 모바일 오피스인 모바일 플러스는 LG전자를 비롯해 LG 디스플레이와 LG 엔시스가 구축했다.

LG CNS의 사회공헌활동은 크게 IT 드림프로젝트, 기부/기증활동, 봉사활동으로 요약된다.

● IT 드림 프로젝트

이는 청소년을 대상으로 IT에 관한 관심과 꿈을 키워주기 위한 LG CNS만의 대표적인 사회공헌활동이다. 2008년부터 시작된 이 프로젝트는 매년 장학금과 국외 탐방의 두 가지 분야로 나뉘어 진행된다. LG CNS는 향후 임직원들이 직접 참여하여 장학생들과 함께 미래의 꿈을 모색해 나갈 수 있는 연계 프로그램 개발을 통해 살아있는 사회공헌활동으로 발전시켜 나갈 계획이다.

- 기증/기부활동

LG CNS는 매년 지속적인 기증/기부활동을 통해 어려운 이웃과 함께 나눌 수 있는 다양한 프로그램을 제공하고 있다. 대표적인 활동으로 사회복지시설 태양광 발전 설비 기증, 사랑의 안경 기증, 저시력 장애인 개인 수술비 지원 등이 있다.

- LG CNS 봉사활동

임직원의 자원봉사활동을 통해 이웃과 소통을 중시한다. 대표적인 활동으로 사랑의 헌혈 운동, 지역사회 복지시설, IT 교육, 사랑의 김장 담그기 등이 있다.

Technological

LG CNS의 신기술에는 U-CITY, RFID/USN, 스마트카드, SOA 등이 있다.

- U-CITY

U-City는 도시기능과 관리의 효율화를 위해 기존 정보인프라의 혁신과 유비쿼터스 기술을 기간시설에 접목해 도시에서 발생하는 일들을 실시간으로 대처하고 정보서비스를 제공하며, 주민에게 편리하고 안전하며 안락한 생활을 제공하는 신개념의 도시이다. U-CITY의 중심은 인간이며 그 안에서 행복과 풍요로움을 누릴 수 있도록 인간중심의 유비쿼터스 도시를 만들어 간다.

- RFID/USN

LG CNS는 무선주파수를 이용한 자동인식 분야의 선두주자이다. RFID란 무선주파수를 이용한 자동인식 분야 신기술이다. LG CNS는 RFID/USN 도입을 위한 비즈니스 모델 개발부터 성공적인 프로젝트 구축, 운영까지 모든 서비스를 국내 최고전문기술과 다양한 분야의 사업수행경험을 기반으로 제공한다. 물류, 유통, 건설, 교통, 의료, 자산관리 등 다양한 분야에서 RFID/USN을 적용하여 인간 중심의 편리한 유비쿼터스 세상을 만들어 간다.

- 스마트카드

금융, 교통, ID, 의료, 전자지분 등 다양한 분야에 최신 스마트카드 기술을 적용하기 위한 컨설팅서비스에서 시스템 설계, 구축까지 토털 솔루션을 제공한다.

- SOA

LG CNS의 SOA서비스가 고객의 비즈니스 유연성을 통한 혁신을 돕는다. LG CNS는 SOA 고객사에 SOA를 어디에 어떻게 적용할 것인가에 대한 진단과 전략을 수립하는 단계부터 서비스 관리에 이르기까지 전 라이프사이클을 지원할 수 있도록 구성되어 있다. 그러므로 고객사의 상황에 따라 이들 개별서비스를 조합함으로써 다양한 형태의 SOA 서비스를 제공할 수 있다.

3C의 이해

Company

LG CNS는 SK C&C, 삼성 SDS와 함께 3대 System Integration업체로 기업과 공공기관의 정보화전략을 컨설팅해주고 다양한 업무를 전산화하여 효율적이고 편리하게 만들어주는 종합 IT 서비스회사이다. CNS 약자는 C는 Consulting/Communication/Connection/Collaboration을, N은 Network/New를, S는 Solution/System/Service를 의미한다. 즉, 이 사명은 컨설팅부터 솔루션과 시스템 구축, 운영 등 토털 IT 서비스를 제공하는 구체적인 의지를 표현하고 있으며, 전 직원의 컨설팅 능력을 강화해, 고객의 비즈니스 및 솔루션에 대한 리더십 등 다양한 요구에 부응하고자는 의도가 담겨있다.

LG CNS SMS가 1987년 미국 EDS사와 합작법인으로 설립된 이후 기술연구, 선진기술 내재화 등에 대한 투자와 공공·금융 분야의 대형사업을 기반으로 지속적인 성장을 이룩해 왔다. 2000년 말부터는 국외사업을 전극 전개하고 있으며, 전문성에 기반을 둔 차별화된 고객가치 제공을 위하여 LG엔시스, 자동차 관련 컨설팅사업을 전개하는 브이이엔에스, 컨택센터사업 중심의 유세스파트너스, 중소·중견기업 대상 ERP 컨설팅/구축/운영 중심의 비즈테그앤엑티모를 자회사로 운영하고 있다. 2007년 자회사로 편입된 LG엔시스는 1977년 국내 최초 유닉스서버 공급을 시작으로 국내 중대형 컴퓨터산업과 금융자동화기기산업에서 선도적 기업으로 자리매김하고 있다. 특히 금융자동화사업에서는 국내 최초 독자기술로 ATM 관련 핵심모듈인 지폐 환류식 입출금모듈 개발을 완료하여 국내시장 선도는 물론 중국 등 외국에서의 시장 확산에 박차를 가하고 있다.

Competitor

LG CNS의 사업보고서를 살펴보았을 때 IT 관련 용역, 자동차설계 관련 용역, 콜센터 운영 등이 존재하지만, IT 관련 용역이 전체 매출의 95.5퍼센트를 차지할 정도로 지배적이다. 수십 조원의 거대한 시장을 형성하고 있는 한국 IT 서비스시장에서 이른바 BIG 3로 불리는 삼성 SDS, LG CNS, SK C&C의 시장 지배력이 점점 강화되고 있다. 조사기관마다 어느 정도 차이가 있지만, 삼성 SDS가 시장 점유 면에서 1위를 차지하고 있으며 이를 LG CNS, SKC&C가 추격하고 있다. 최근의 시장 점유율을 살펴보면 삼성 SDS가 20.5퍼센트를, LG CNS는 18.3퍼센트의 근소한 차이의 시장 점유율을 보여 주고 있다. 세계적으로 살펴보면 국내 3사의 시장 점유율은 미약한 편이며 IBM, 휼렛패커드(HP), 후지쓰(Fufitsu) 등이 시정점유 면에서 선두에 있다.

LG CNS의 클라우드서비스전략으로 가상데이터센터서비스와 데스크톱 클라우드서비스를 출시한다. 가상데이터센터는 LG CNS가 국내에서 처음으로 선보이는 신개념 클라우드 컴퓨팅서비스다. LG CNS는 서버와 스토리지, 보안, 네트워크를 모두 가상화, 고객이 필요로 하는 IT 자원을 토털 패키지 형식으로 제공함으로써 물리적으로 구축된 데이터 센터와 동일한 기능수행이 가능하도록 설계하였다. 이는 그동안 단순하게 가상화된 서버만을 제공하거나 혹은 인터넷에서 저장공간만을 제공하는 기존 퍼블릭 컴퓨팅서비스보다 한 단계 업그레이드된 서비스다. LG CNS의 가상데이터센터는 실질적인 퍼블릭 클라우드 컴퓨팅서비스를 의미하는 것으로, 향후 클라우드 컴퓨팅시장 확산을 위한 기폭제로 작용할 것으로 예상한다.

● SWOT 분석

Strength

일반적으로 IT 서비스사업은 진입 장벽이 높지 않고 고객들이 체감하는 서비스에 대한 차별화 정도가 타산업보다 상대적으로 크지 않아 산업 자체의 경쟁 강도가 비교적 높은 편이다. 하지만 국내시장의 경우 기술력, 수행경험, 높은 교섭력 등을 보유하고 있는 상위 IT 서비스업체가 대형 경쟁사업의 대부분을 수주하고 있다. 이에 자사를 포함한 상위 대형업체의 매출과 수익의 꾸준히 증가하고 있다. 한편 향후에는 모바일 빅뱅, 클라우드서비스의 등장, 다양한 산업과의 융합 등의 영향에 따라 향후 다양한 경쟁구도가 전개될 것으로 예상한다. LG CNS의 강점은 다음과 같다.

- 컨설팅에서부터 시스템 구축 및 운영/유지보수 등 업계 최고 수준의 토털 솔루션 제공 역량

- 공공 및 금융기관, LG그룹 관계사 등 다양한 고객 산업군에 관한 성공 사례
- 대규모 사업의 성공적인 이행을 통해 입증된 체계적인 관리 능력
- 강력한 브랜드 인지도
- 업계 최고 수준의 교육 프로그램 운영 및 투자를 통한 인재 육성
- 유비쿼터스 도시 U-City, T-money를 포함한 서울시 대중교통체제 개선, 태양광 발전소 구축/운영 등 IT 서비스산업 선도를 위한 신사업 발굴 역량
- 금융 자동차 기기 사업: 지폐 환류식 입출금 모듈 국내 최초 독자기술 개발

Weakness

LG CNS는 매출 면에서는 조금씩 성장하고 있는 모습을 보여주고 있지만, 영업이익률과 당기 순이익률이 계속해서 감소하는 모습을 보여주고 있기에 수익성 측면에서는 더욱 높은 수익률을 올리기 위한 노력이 필요한 것으로 판단된다. 국내 시장은 당사를 비롯한 삼성 SDS, SK C&C에 의해 과점이 되어 있는 상황이며 국내 IT 서비스시장은 2~3퍼센트의 저성장 기조를 보이고 있는 점, IT 서비스사업이 진입 장벽이 높지 않고 고객들이 체감하는 서비스에 대한 차별화 정도가 타산업에 비해 상대적으로 크지 않아 경쟁이 치열해지고 있는 점은 이러한 수익성 측면의 우려를 고조시키고 있다. 이러한 여건 속에서 당사가 취할 수 있는 하나의 대안으로는 국외매출의 비중을 늘리는 것이다.

Opportunity

스마트 기술시대 선도기업으로 도약 선언을 함과 동시에 정보화 중심의 예산성 사업 한계를 넘어 신성장사업 확대, 자체 솔루션 기반사업 전환, 국외사업을 대폭 확대하여 명실상부한 업계의 글로벌 리더가 될 것이다.

- 스마트 기술시대에 집중적으로 육성할 신성장사업 선정
- 기업용 모바일서비스, 모바일 솔루션 및 플랫폼, 디지털 콘텐츠 등 모바일서비스

- 스마트 기술로 꿈의 공장을 구현해 나가는 제조/설비 엔지니어링

- 미래도시를 구현하는 데 필요한 솔루션, 설비, 인프라를 제공하는 스마트 그린 시티

- 요금징수 및 교통정보서비스, 교통신호처리 설비 제공의 스마트 교통사업

- 스마트, 그리고 VING ECO, 차세대 광고 미디어사업도 장기적 관점에서 육성 키로 함

● 7대 국외 거점 시장을 집중적으로 육성해 글로벌 기업으로 변신
- 중국, 일본, 미주, 중동, 인도, 동남아, 유럽 지역을 국외 주요 거점으로 선정
- 국외 거점별 목표를 수립, 전세계를 무대로 비즈니스를 펼칠 수 있는 여건 마련
- 글로벌 기업과의 긴밀한 협력을 통해 대규모 B2B사업 개발 등 사업 기반 강화

Threat

세계 IT 서비스시장은 7,700억 달러에 달하는 거대한 규모를 보이고 있으며 LG CNS의 경우 과거 2005년만 하더라도 국내 IT 3사 중 국외 비중이 가장 높았으나 이후 나머지 두 기업은 국외 매출 비중을 늘리고 있다. 반면에 당사자의 경우 국외 수출 비중이 감소하고 있는 모습을 보이고 있다. 수익성 개선 및 매출 다각화 측면에서도 국외수출의 비중을 늘릴 필요가 있으며 다행히 2011년을 기점으로 국외매출 비중을 늘리는 부분이 LG CNS의 전략으로 포함되어 있어 이런 부분은 긍정적으로 판단된다.

◉ 업계 동향 및 전망

(1) 소프트웨어 분야로 사업의 다각화 전략 구사한다.

(2) Strategic outsourcing: 비즈니스 프로세스 및 IT에 대한 Smart 아웃소싱 방향을 제시함으로써, 고객이 핵심역량을 강화하고 사업 수익성 향상에 집중할

수 있는 컨설팅 서비스 제공한다.

(3) IT Consulting: 비즈니스전략과 연계된 IT전략을 제시하고, 고객사의 IT 수준 진단, Govemance모델 정립 및 IT ROI 측정을 통하여 정확한 의사결정을 지원해준다.

(4) Business Process Consulting: BPR/PI 및 진단을 통하여 비즈니스 프로세스의 획기적인 개선 방향을 제시하고, 성공적인 프로세스 정립을 위한 변화관리서비스를 제공한다.

● 업계 주요 이슈

(1) 한국 IT가 몽골 울란바토르를 지킨다

국내 IT 서비스기업 LG CNS가 몽골 최대규모180억 원 IT 사업인 울란바토르 EIN(Emergency Information Network, 긴급구조망)시스템을 성공적으로 구축했다.

몽골 EIN 프로젝트는 몽골정부가 울란바토르 시민의 생명과 재산을 지키기 위해 최우선 순위로 추진했던 EDCF사업이다. LG CNS는 법 내무부와 경찰청, 소방청, 재난청 등 몽골 주요 부처들의 네트워크를 통합하는 고난도 작업을 차질 없이 마무리했다. 몽골정부는 향후 울란바토르의 사건 및 사고 처리율이 한국의 긴급상황 대응수준까지 크게 개선될 것으로 기대하고 있다.

LG CNS는 지난 2009년 5월부터 1년여 동안 울란바토르 시내 경찰국에 지하 1층, 지상 5층 규모의 긴급구조 통합관제센터를 신축하고 CCTV, 디지털 TRS(Trunked Radio System, 주파수 공용통신)를 이용한 400여 대의 차량 및 휴대 단말기를 공급했으며, 시내 곳곳을 150킬로미터가 넘는 광네트워크로 연결했다.

또한, LG CNS는 프로젝트 초기 단계부터 몽골 현지인력을 합류시켜 EIN시스템 운영에 필요한 업무교육을 체계적으로 실시했다. 이는 몽골 고객에게 효과적으로 기술을 이전하는 동시에, 전자정부 등 국가 차원에서 IT화를 추진하고 있는 몽골에서 국내 IT 서비스기업이 추가사업을 수주하는데 긍정적인 역할을 할 것으로 기대하고 있다.

한편 LG CNS는 이번 사업에서 시스템 분석/설계를 서울과 몽골에서, 개발은 LG CNS 중국베이징 개발센터에서 담당하는 '3원 시스템'을 시도했다. 이로써 LG CNS는 향후 유사 프로젝트를 시행착오 없이 추진할 수 있는 역량을 갖추는 한편, 국외 SI사업 최초로 시스템 공동개발이라는 이정표를 세웠다.

(2) LG CNS, IT 융합 · 글로벌사업에 '집중'

LG CNS도 저수익 경쟁이 심화하고 있는 기존 시장의 한계를 극복하기 위해 올해 신사업 발굴에 역량을 집중한다는 전략이다. 이를 위해 이 회사가 올해 강한 의욕을 보이는 사업이 IT 융합사업이다. LG CNS가 올해 첫 작품으로 내놓은 '글로벌 퇴직급여 평가서비스'가 대표적이다.

글로벌 컨설팅기업인 휴잇어소시엇츠와 손잡고 내놓은 이 서비스는 금융산업에 IT를 접목한 IT 융합형서비스로, 기업의 전세계 법인에 근무하는 개별 임직원들의 급여정보가 실시간 집계되고, 이 정보를 바탕으로 국제회계기준IFRS에 맞는 퇴직금을 평가할 수 있는 시스템이다. LG CNS는 2011년까지 IFRS를 의무도입하는 국내 상장사를 대상으로 본격적으로 시장 공략에 나설 방침이다.

아울러 휴잇어소시엇츠사의 글로벌 네트워크를 활용해 국외시장에도 적극 도전할 계획이다.

LG CNS는 IT 융합사업이 향후 IT 서비스 사업영역의 핵심분야가 될 것으로 예측, 이를 위한 전담조직인 'U-엔지니어링사업본부'를 신설한 바 있다. LED 리본보드 광고사업과 홈헬스케어솔루션사업경희의료원 u-Bed IPTV도 LG CNS가 애착을 가진 차세대 먹거리다. LED 리본보드 광고사업의 경우, 최근 중국 봉황TV 그룹과 손잡고 중국 선진 시에 LED 스크린을 설치, 광고를 유치하는 성과를 거뒀다. 홈헬스케어 솔루션인 '터치닥터'도 시범서비스를 거쳐 올해부터 본격적인 시장 공략에 나선다는 방침이다.

글로벌시장 공략도 더욱 강화된다. LG CNS는 국외사업에서 전년 2,000억 원에 이어 올해 2,300억 원의 매출을 올린다는 계획이다. 이를 위해 인도 방갈로, 중국 베이징에 이어 최근 중국 선양에 제3 글로벌개발센터를 설립하는 등 '글로벌 운영체계'로 전환 중이다. 특히 중장기적으로 국외사업을 중국, 인도 등 주요 전략거점을 중심으로 현지에서 영업, 개발, 운영 등을 동시에 수행하는 거점 기지형 모델로 글로벌사업전략을 발전시킨다는 방침이다.

(3) LG CNS의 IT 기술과 금융산업의 글로벌 융합

● 대한민국 금융, 중국의 문을 두드리다

LG CNS는 중국의 경제 발전에 따른 중국 금융과 금융 IT 시장의 성장, 국내 금융기관의 중국시장 진출 가속화에 대비하기 위해 단계별 시장전략을 마련하고 있다. 또 국내 금융 IT 최강자로서의 위상을 중국 내에서도 이어간다는 목표

를 세우고 있다.

● 인프라에서 응용개발까지 서비스 범위를 확대하다

그동안 중국에 진출한 국내 금융기관들은 중국 내에 설치해야 하는 인프라 영역만을 IT 서비스업체에 위탁하고 응용시스템개발은 국내에서 자체적으로 추진해 왔다. 때문에 LG CNS 역시 시장의 요구에 맞춰 인프라 구축 및 데이터센터 위탁운영 서비스에 집중해 온 것이 사실이다. 하지만 최근 시장의 변화가 감지되고 있다. 지난 5월 수주한 외환은행 중국법인의 코어뱅킹시스템 구축이 그 예이다. 코어뱅킹시스템 구축 사업은 응용개발부터 인프라 구축에 이르기까지 중국에 하나의 뱅킹시스템을 구축하는 전 과정을 포괄하고 있다. 이는 한국 내 성공사례를 바탕으로 중국시장의 특성을 반영한 중국형 IT 서비스 모델을 개발한 것으로, 향후 중국 금융시장 내에서 긍정적인 방향으로 작용할 것으로 예상한다.

● Data Center 기반으로 중국 금융 IT를 이끌다

LG CNS가 중국 금융 IT 서비스 부문에 자신감을 보이는 이유 중 하나는 8개 담당, 31개 조직으로 긴밀하게 짜인 중국법인을 기반으로 중국 내 400여 명에 달하는 개발인력을 보유하고 있기 때문이다. 여기에 2004년 베이징, 2006년 난징에 각각 통합 IT 센터를 구축하여 베이징-난징-서울을 연결한 삼각구조 네트워크를 구축하여 고객사에 최상의 안정적 서비스를 제공하고 있다. 현재 한국계 은행들은 중국 자본시장 흐름에 따라 중국 각 성과 시에 지점 또는 분점을 개설하여 중국인을 대상으로 인민폐 영업 및 재테크 상품 판매계획을 수립하고 있다. 이에 LG CNS는 다년간의 중국 SI 노하우를 바탕으로 효율적이고 확장

성 있는 시스템을 구성하고 저렴하고 우수한 개발인원을 활용하여 은행들의 지점 설립에 필요한 인프라 구축과 운영서비스 및 인터넷 뱅킹서비스 구축을 통한 금융서비스 지원을 확대해 나갈 예정이다. 중국계 은행 역시 또 다른 시장이다. 이들의 역사는 비교적 짧지만 현재 사용 중인 차세대시스템에 많은 관심을 보이고 있어 올해부터는 이에 대한 영업을 적극 펼칠 전망이다. LG CNS는 국내 금융 IT 시장에서 구축한 기술력과 명성, 그리고 중국법인의 현지시장 환경에 대한 면밀한 연구결과를 바탕으로 향후에도 중국에 진출한 많은 국내 금융기관을 대상으로 서비스 범위를 확대해 나간다는 계획이다. 더 나아가서는 이러한 노하우를 적극 활용하여 향후 중국 진출 기업을 대상으로 하는 사업에 적극 활용하고, 사업영역 또한 응용부터 인프라, 데이터 센터에 이르기까지 토털 IT 서비스를 제공할 수 있는 단계로 확대, 발전시켜 나갈 계획이다.

● LG CNS, 금융 IT 역량 강화 위한 글로벌 파트너십 강화

LG CNS가 세계적인 금융 IT 전문기업인 '피델리티 내셔널 인포메이션 서비스Fidelity National Information Services, 이하 FIS'와 전략적 제휴를 맺고 글로벌 금융 IT 역량 강화에 나서고 있다. LG CNS와 FIS는 지난 12월, 금융 IT 사업에서 공동협력 등을 내용으로 하는 전략적 제휴를 체결했다. 양사는 금융 IT 사업 전 분야에서 각사의 특허 솔루션과 성공사례, 기술 및 전문가 교류는 물론 공동영업과 마케팅을 진행하기로 합의했다. 이에 따라 LG CNS는 FIS의 솔루션과 노하우를 공유하고, FIS는 한국 진출의 교두보를 확보하게 되었다. 또한, 한국 내 협력관계를 바탕으로 향후 아시아 지역에서도 상호공조할 계획이다. LG CNS는 이번 협력관계 구축을 통해 세계시장으로 진출하는 국내 금융기관에 최적의 솔루션을

제공, 고객의 글로벌 경쟁력 확보에 기여하고, 국내 금융 IT 최강자에서 진정한 '리딩 글로벌 플레이어'로 거듭나는 계기가 될 것으로 보인다. 한편, 美 경제전문지 《Fortune》이 선정한 500대 기업 중 하나인 FIS는 은행거래, 신용카드거래, 할부금융, 자산관리 등 금융산업 전반에 걸쳐 다양한 금융기관에 IT 아웃소싱 서비스를 제공하고 있는 대형 금융 IT 전문기업으로 지난해 매출액은 48억 달러에 이른다. FIS는 금융전문매체인 《아메리칸 뱅커American Banker》가 매년 발표하는 '금융기술 100대 기업FinTech 100 Rankings'의 2007년 종합평가에서 1위를 차지한 바 있다.

(4) LG CNS의 IT 기술과 미디어 산업의 융합

● 화려한 영상 속에 IT 기술을 담다

LG CNS는 기존의 하드웨어 중심으로 전개된 영상시장을 콘텐츠 중심의 시장으로 이끌어 나가는 등 엔터테인먼트 기술Entertainment Technology 분야에서도 구체적인 성과로 얻어 주목을 받고 있다. 또한, 기존 미디어 매체의 부가가치를 창출하고 미디어 매체를 통합 운영, 제어하는 복합 영상솔루션을 개발해, 이 분야에서 유일하게 시스템 통합능력을 기반으로 한 턴키 솔루션 공급자로서 독보적인 위치를 차지하고 있다.

이미 지난 2003년 미국 라스베이거스 프리몬트 스트리트의 영상쇼 설비 운영시스템 교체 사업을 성공적으로 수행했으며, 2007년에는 북미 미식축구리그 시애틀 시호크스Seattle Seahawks 팀 홈구장의 영상시스템을 구축 완료하는 등 IT 선진국인 미국에서 LG CNS의 경쟁력을 인정받았다.

또한, 2007년 인천 문학경기장 리본보드, 영국 피카디리광장 LG전자 전광판, 서초구청 u-플래카드 사업, 상암동 디지털미디어시티의 '디지털 미디어 스트리트DMS' 사업을 진행하고, 호주 멜버른 도크랜즈 지역에 건설 중인 '위터프론트시티 서든스타 회전관람차Water Front City Southern Star Observation - Wheel' LED 영상조명시스템사업을 수주해 구축 중이다. 2008년에는 부산 사직구장 LED 영상시스템, 중국 선전의 선전중국전자빌딩의 LED 영상광고시스템을 구축하는 등 국내외에서 많은 성과를 나타내고 있다.

(5) 한컴, LG CNS, 공공 모바일 오피스 협공

한글과컴퓨터는 LG CNS와 '공공기관 업무관리시스템 및 모바일오피스 분야 협력'을 위한 양해각서MOU를 체결했다고 밝혔다. 이번 양사의 전략적 협력은 대형 IT 서비스기업과 중소 소프트웨어기업이 협력해 시너지를 창출, 동반 성장한다는 측면에서 의미가 있다. 이번 협력을 통해 양사는 LG CNS가 교육청을 비롯한 공공기관에 공급하는 업무관리시스템에 한컴의 '한컴오피스 한글 2010 SE'를 연동하기 위한 기술협력을 강화해 나가기로 했다. 이는 양사가 각자의 전문성을 발휘한 상호기술지원을 통해 시스템과 소프트웨어를 최적화함으로써, 공공기관 업무관리시스템의 성능과 행정업무의 효율성을 대폭 향상할 것으로 기대되고 있다. 한컴과 LG CNS는 업무관리시스템을 기반으로 한 모바일오피스와 모바일 전자결재시스템 시장공략도 공동으로 추진할 계획이다. 이를 위해 LG CNS는 제품개발을 담당하고, 한컴은 모바일 변환솔루션 제공과 최적화를 위한 기술지원을 맡게 된다.

(6) LG CNS의 클라우드 서비스 전략

LG CNS가 퍼블릭 클라우드 컴퓨터서비스시장 선점 출사표를 던졌다. LG CNS는 기업 고객을 대상으로 가상데이터 센터서비스와 데스크톱 클라우드서비스를 출시한다고 2011년 2월 22일 밝혔다. 가상데이터센터는 LG CNS가 국내에서 처음으로 선보이는 신개념 클라우드 컴퓨팅서비스다. LG CNS는 서버와 스토리지, 보안, 네트워크를 모두 가상화, 고객이 필요로 하는 정보기술자원을 토털 패키지 형식으로 제공함으로써 물리적으로 구축된 데이터센터와 동일한 기능수행이 가능하노록 설세하였나. 이는 그동안 단순하게 가싱화넌 서버만을 제공하거나 혹은 인터넷 공간에서 저장공간만을 제공하는 기존 퍼블릭 컴퓨팅서비스보다 한 단계 업그레이드된 서비스다. LG CNS의 가상데이터센터는 실질적인 퍼블릭 클라우드 컴퓨팅서비스를 의미하는 것으로, 향후 클라우드 컴퓨팅시장 확산을 위한 기폭제로 작용할 것으로 예상한다.

(7) 지원기업에 대한 이해

1987년 1월 14일 LG그룹과 미국 EDS가 50:50 합작으로 국내 최초의 SI 전문기업인 (주)STM으로 설립되어 2002년부터 지금의 사명으로 변경한 종합 IT 서비스회사이다. LG그룹의 계열사로서 김대훈 대표이사와 함께 약 9,000여 명의 직원을 거느리고 있으며 주요 사업으로는 컨설팅, 시스템통합 아웃소싱, EPR/BI, IT인프라솔루션, IT컨버전스 등이 있다. 2009년 2조 5,268억 원의 매출을 달성하였고 대표적은 자회사로는 LG엔시스, 브이이엔에스, 유세스파트너스 등이 존재한다.

1999년 10월, 소프트웨어 개발회사인 LG소프트(주)를 인수하여 현재 컨설팅부터 System Integration, System Management, Business Process Outsourcing, IT 아웃소싱 등 다양한 분야의 IT 서비스를 제공하고 있다. 2001년 12월 합자계약 종료에 따른 EDS 측 지분 50퍼센트를 LG그룹이 인수하여 순수 국내기업으로 탈바꿈함으로써 사명도 LG - EDS시스템(주)에서 2002년 1월 현재의 이름으로 변경하였다.

LG CNS는 인터넷과 디지털 기술을 활용하여 우리 생활을 보다 편리하고 가치 있게 만드는 IT 전문기업이다. LG CNS는 IT와 관련된 모든 문제에 대해 컨설팅에서부터 시스템 구축 및 운영에 이르기까지 고객에게 최고 수준의 토털 솔루션을 제공하는 종합 IT 서비스기업이다. 산업에 대한 풍부한 이해와 철저히 검증된 선진 IT 기술을 갖춘 전문가와 업계 최고로 인정받은 서비스 품질을 바탕으로 국가와 기업의 정보화를 주도하고 있다.

직무 이해

ITO(Information Technology Outsourcing)

ITO는 기업의 정보시스템과 관련된 업무를 외부 전문 사업자에게 위임하여 운영하는 방법이다. 기술, 시스템, 비용, 전략수립, 그리고 심각한 IT 인력난 등 IT 부문에서 발생하는 핵심적인 문제들을 효과적으로 해결할 수 있다. 주요 제공서비스는 다음과 같다.

(1) IT 아웃소싱 컨설팅서비스

고객의 IT 아웃소싱 추진에 대한 의사 결정 및 전략수립, 추진성과에 대한 분석, 효과적인 IT 아웃소싱 관리체계수립 등을 지원한다. 주요 고객사로는 리바트, 아리랑TV, 한화S&C가 있다.

(2) 데이터센터서비스

최첨단 데이터센터를 기반으로 고객에게 안정된 Co-location, 데이터센터 구축, 이전, 시스템 운영관리, 유지보수 등 안정된 IT 인프라서비스를 제공한다. LG CNS의 국내 데이터센터는 상암센터, 가산센터, 인천센터가 있고, 국외 LG CNS 데이터센터는 미국 뉴저지센터, 중국 베이징센터, 유럽 알미어센터가 있다. 주요 고객사는 외환은행, 나눔로또, 한국스마트카드, 금융보안연구원, (주)케이아이엔엑스가 있다.

(3) 네트워크 서비스

고객의 다양한 요구를 충족시키기 위한 네트워크 솔루션 및 네트워크 인프라를 제공하고 관리/운영한다. 주요 고객사로는 LG · GS · LS · LIG, 나눔로또, LIG손해보험, 금융보안연구원, VISA, BT 등이 있다.

(4) 애플리케이션서비스

고객의 필요에 따른 신규 IT시스템의 개발과 운영을 지원한다. 중소 · 중견기업 ERP 특화 자회사는 비즈테크앤엑티모(BnE)가 있고, 주요 고객사는 LG · GS

·LS·LIG, 대법원·국세청·정부통합전산센터 등 공공기관, 신한카드·ING생명 등 금융기관, 하이닉스, 현대산업개발, 무림페이퍼 등이 있다.

(5) 데스크톱서비스

고객사의 PC를 구매부터 폐기까지의 Total Lifecycle 전반에 걸쳐 선진화된 기법과 솔루션을 적용하여 관리해 드림으로써, 고객사의 PC 자산관리 효율성과 사용 편의성을 제공한다. 주요 고객사는 LG전자, LG화학 등이 있다.

(6) 재해복구서비스

고객의 사업 연속성을 확보할 수 있도록 천재 및 인재로 인해 예기치 않은 상황 발생 시 정보시스템 사용불능의 피해를 최소화하는 재해복구체계를 제공한다. 주요 고객사로는 신한카드, 하나은행, 한국주택금융공사, 한국무역보험공사, 나눔로또, 금융보안연구원이 있다.

(7) 보안서비스

고객의 환경에 최적화된 보안 계획을 수립하여 보안관리체계를 개선하고, 안정적으로 고객의 정보자산을 운용·관리한다. 주요 고객사로는 LG, LG전자, LG디스플레이, LG화학 등 LG 계열사와 GS홀딩스, GS건설, GS리테일, LS산전, 범한판토스, 국회도서관, E-LAND가 있다.

(8) 클라우드서비스

고객 사업환경 변화에 따라 유연하게 대응할 수 있도록 Anytime, Anywhere, Any Device에 맞는 필요한 자원량에 대한 서비스를 실시간으로 제공한다. 주요 고객사로는 LG전자, LIG손해보험이 있다.

(9) 서비스 데스크서비스

선진 사례를 기반으로 고객 비즈니스 환경에 특화시킨 서비스 데스크 중심의 서비스 관리체제를 제공한다. 컨틱센터 특화 자회사는 유세스파트너스가 있고, 주요 고객사는 국세청 현금영수증서비스, 행정안전부, 한국스마트카드, AIG생명보험, SC제일은행, 국립암센터, 나눔로또가 있다.

○ BPO(Business Process Outsourcing)

비즈니스 프로세스 아웃소싱BPO서비스는 기업의 업무 프로세스 일부 또는 업무 전반에 걸쳐 위탁수행을 하는 서비스이다. 구매, 인사, CRM, R&D 업무 등을 전문 IT 서비스업체인 LG CNS가 수행하며, 제공하는 서비스는 다음과 같다.

(1) Vertical BPO Services

● 공공: Facility Management& Maintenance, Payment Service

● 금융: Credit Card Management, Image & Workflow Management, CD/ATM Service

● 제조/하이테크: Digital Marketing Service, Digital Document Service, Mfg.

Operation Support

- 유통/물류: Marketing Service, Order Management Service, Operations Support Service
- 의료/헬스케어: Clinical Data Management
- 방송/통신: Network Management, Billing Management, Print & Publishing
- Utility/에너지: Metering & Billing Services
- 여객/관광: Membership Service, Revenue Management

(2) KPO Services

KPO_{Knowledge Process Outsourcing}서비스를 통해 기업의 핵심업무인 지적판단영역을 아웃소싱하여 수익창출 강화를 돕는다.

(3) Convergence BPO

IT와 산업간 융복합 기반의 솔루션 모델개발을 돕는다.

(4) Telco Output Management BPO

타산업보다도 더 사고 위험성이 높은 기업보안 및 개인정보유출 사고에 적극 대응할 수 있도록 다양하고 전문적인 출력 관련_{청구서 및 프린터 출력제어} 서비스 및 솔루션을 제공하고 있다.

(5) Telco Marketing BPO

날로 치열해가는 Telco시장에서 고객이 경쟁력을 확보할 수 있도록 리서치, 콜센터 등 마케팅 역량을 강화할 수 있는 다양한 서비스를 제공하고 있다.

(6) Telco Site Operation Based BPO

대규모 고객 사이트의 IT 아웃소싱 경험 및 운영 역량을 기반으로 다양한 대고객 사이트 및 e-Biz 사이트의 운영 비용을 최적화할 수 있도록 진단 컨설팅 및 운영 대행 서비스를 제공하고 있다.

대우인터내셔널

업종 분석

● 종합상사의 정의

종합상사란 1945년 전후 일본에서 기업들의 수출창구 역할을 하기 위해 만들어진 것이다. 당시만 해도 일본기업들의 외국 수출 거래선이 미비했기 때문에, 전문적으로 수출과 무역만을 담당할 새로운 형태의 사업 분야가 필요했었다.

우리나라도 1970년대를 기점으로 수출 활성화를 위해 삼성, 선경, 락희화학(현 LG), 대우 등 대기업들을 위한 전담수출창구의 필요성이 대두하였고, 이것이 오늘날 우리나라 종합상사의 모태이다. 현재 우리나라는 수출에서 종합상사가 차지하는 비중이 2009년 5퍼센트대까지 떨어졌지만, 이제 종합상사는 대기업그룹과의 시너지를 통해 다시 한번 우리나라 수출의 첨병 역할을 할 것으로 예상한다.

● 종합상사의 특징

종합상사는 폭넓은 상품군을 바탕으로 산업화의 중심이자 국가적인 수출창구로 성장해 왔다. 오늘날에는 전통적인 무역업뿐만 아니라 오랜 기간 대외거래를 통해 축적한 노하우와 양질의 국외네트워크 및 높은 정보력과 신용도를 활용하여 여러 가지 기능을 수행하고 있다. 제조업, 물류업 등 트레이딩 연관 사업에 대한 투자기능, 중소기업의 생산 및 판매를 지원하는 금융기능, 다수의 제조업체와 건설회사가 참여하는 대형 프로젝트 조직화기능, 차세대 녹색성장을 주도할 자원·에너지 개발 등 다양한 비즈니스로 그 영역을 확장해 가고 있다.

예전과는 달리 제조업체의 자체적인 국외영업망 확충을 통한 직수출 확대로 종합상사의 국내 수출 비중은 축소되고 있는 가운데, 종합상사는 이제 단순한 수출 대행 역할에서 벗어나 독자적인 거래선을 발굴하고, 수익성을 강화하는 영업 형태로 변모해 가고 있다. 자체적인 국외네트워크를 활용하여 삼국 간 영업을 확장함과 더불어, 무역을 통해 파생되는 금융과 물류기능을 강화하고, 국외생산, 합작투자 등을 통해 특정 품목에 대한 사업의 수직 계열화 및 부가가치 증대를 도모하는 등 끊임없는 성장을 추구하고 있다. 최근에는 자원 가격 상승과 신흥국의 경제성장에 따른 인프라 수요 확대, 자원개발사업 등에서의 성장을 기대하고 있다.

● 정책, 경제, 사회문화, 기술적 동향의 이해

(1) 정부정책의 변화

개방화, 국제화는 대외적인 시장개방뿐만이 아니라 대내적으로는 규제완화를 의미한다. 이는 전세계적으로 무한경쟁시대가 본격적으로 도래하게 되었음을 뜻하고, 더는 정부로부터 특정산업을 보호하거나 기업집단 내에서의 지원정책이 용납되지 않는 환경으로 전환됨을 의미한다. 그동안 정책적 지원과 기업집단으로부터의 도움에 크게 의존해 왔던 종합상사로서는 본격적인 자생기반을 찾아 나서지 않으면 안 되는 시기가 도래했다고 할 수 있다.

(2) 세계경제의 블록화

개방화와 아울러 도래한 세계경제의 또 다른 주요 현상은 블록화의 움직임이다. 이는 현재의 국제적인 흐름인 개방화, 자유화와는 거리가 먼 것으로 기업의 무국적화와 현지화 노력을 가속하고 있다. 이 같은 지역 블록화의 움직임은 매출 중 수출비중이 절대적으로 높은 종합상사로서는 이에 대한 극복이 커다란 과제일 수밖에 없다.

(3) 일본 종합상사의 국내시장 진출

1997년 7월, 수입개방이 이루어진 이후 우리나라 종합상사들이 수출기능에 치중한 나머지 수입기능이 약한 상황에서 일본 종합상사들은 우월한 자금력을 바탕으로 특히 국내 수입시장을 빠른 속도로 잠식해오고 있다. 이들은 자금력, 인력, 기능, 정보력, 국외조직망 등 거의 모든 방면에서 우리나라 종합상사보다 상대적으로 우월한 경쟁력을 갖추고 있어 국내시장 잠식은 지속할 것으로 예상한다.

(4) 신기술 혁명

신기술 혁명과 관련해서는 신소재, 일렉트로닉스, 뉴미디어 바이오테크놀로지, 그린에너시 분야가 중요시되고 있다. 이들 분야에 대해서 기업이 자원을 유효하게 투입하는 것이 성공의 열쇠가 될 수 있겠지만, 결국 신기술 분야의 상사 진출 여부는 마케팅 역할에 달려 있다고 할 수 있다. 즉, 신기술을 기초로 사업성에 관한 적절한 판단력이 있고, 사업성을 갖춘 시스템을 구축하는 것이 상사가 해야 할 일이며, 해당하는 기술력에 대한 역량을 갖춘 제조기업과의 협동이 신기술 혁명과 관련된 종합상사의 성공 여부를 결정한다고 할 수 있다.

● 3C(자사, 경쟁사, 고객 상황)의 이해

국내에는 현재 일곱 곳의 종합상사가 있다. 무역 부문의 시장점유율은 대우인터내셔널이 가장 높고, 자원개발사업에서는 LG상사가 두드러진다. 종합상사의 자원개발은 에너지, 광물자원에 집중되고 있으며, 그린에너지사업에도 진출하고 있다. 한국거래소에서는 삼성물산, SK네트웍스, 대우인터내셔널, LG상사, 현대상사, 그리고 GS글로벌 등 6개사를 유통업종으로, 효성은 화학업종으로 분류하고 있다.

유통업종으로 분류되는 6개사 중 삼성물산은 건설과 상사의 두 개 사업부문을 영위하고 있다. 삼성물산은 건설 부문 영업이익이 전체 영업이익의 70퍼센트를 웃돌아 건설이 주된 사업으로 평가되어 건설업종으로 분류하고 있다. 따라서 LG상사, SK네트웍스, 현대종합상사, 대우인터내셔널, 그리고 GS글로벌을 종합상사로 볼 수 있다.

2010년~2011년 매출규모는 SK네트웍스가 가장 크며, 대우인터내셔널, LG상사 순으로 이어진다. 하지만 SK네트웍스의 매출 중 에너지판매사업과 휴대폰 단말기 판매사업 등을 제외한 무역부문 매출만을 기준으로 할 경우, 매출규모 순위는 대우인터내셔널, LG상사, SK네트웍스 순이 된다. 대우인터내셔널의 주요 취급품목은 철강, 철강원료, 금속, 비철금속 등이며 포스코의 인수로 철강부문에서 시너지 효과가 예상된다.

대우인터내셔널의 트레이딩 부문에서 전문성은 경쟁사들이 넘볼 수 없을 정도로 공고하다. 산업재를 유통하는 종합상사업의 특성상, 그리고 트레이딩사업을 오랫동안 영위해 온 대우인터내셔널의 특성상 공고한 유통망이 이미 확보되어 있기 때문이다. 자원개발 부문에서의 LG상사의 약진이 돋보이지만, 대우인터내셔널도 최근에 미얀마에서 가채연수 30년짜리의 유전을 확보하는 등의 성과를 보이고 있다.

● SWOT 분석

Strength

- 4년 이상 국외근무 경력이 있는 400여 명의 무역전문가, 100여 개의 국외지사와 이를 통해 거래하고 있는 6,000여 국내외 거래선
- 전세계에 투자된 10억 달러 이상의 생산법인 및 자원개발 사업
- 지주회사 포스코와의 시너지 효과

Weakness

- 상노 높은 업무량과 보수적인 조직문화
- 경쟁사에 비해 다소 높은 부채비율450퍼센트
- 사옥 송도 이전비용 때문에 각종 전환비용 발생.

Opportunity

- 유가 상승, 원자재가의 지속적인 상승세
- 성공불 융자제도 등 정부지원을 통한 국외자원개발 가능성 용이
- LG상사를 제외한 타 경쟁사들의 비교적 낮은 성과

Threat

- 일본 종합상사업체들의 한국시장 진출
- 석탄사업 부문에서 LG상사에 대한 비교 열위
- 종합상사업계의 무역 부문 이익률 지속적 감소

국내 종합상사들은 그동안 기존의 무역업 위주의 사업구조에서 탈피하려는 노력을 강구해 왔다. 그 이유는 예전 그룹사 수출 물량을 소화하던 사업구조에서 계열사들의 직접 수출 비중이 높아짐에 따라 종합상사의 입지가 상대적으로 작아지고 있고, 물량에 따른 규모의 경제가 이익률에 높은 영향을 미치는 이익구조를 가진 종합상사로서는 이익률에 타격을 받게 되었기 때문이다. 따라서 종합상사는 다방면으로 사업기회를 모색하게 되었고, 그룹사 수출 물량을 단순히 소화하는 사업구조에서 벗어나, 다양한 성장엔진과 독립성을 확보할 수 있게 되었다. 또한, 단순 중개자 역할에서 벗어나 사업 전개의 주도자로 변화하면서 다양한 사업 수행을 위한 리스크 매니지먼트 능력, 글로벌 마케팅 능력, 금융, 투자, 물류기능 등이 중요한 핵심적으로 요구되고 있다.

LG상사와 대우인터내셔널을 필두로 하는 자원개발사업도 활발히 전개되고 있고, 각종 프로젝트사업과 더불어서 자원개발이 앞으로 종합상사 업계의 화두가 될 것으로 보이지만, 향후 10년 이상은 대우인터내셔널이 이룩해 놓은 트레이딩 부문에서 규모의 경제의 효과가 지속할 것으로 보인다.

(1) 시장개방의 가속화와 경제 블록화

정부로부터 특정산업에의 보호조치나 기업집단 내에서의 지원정책이 용납되지 않는 환경으로의 전환.

(2) 일본 종합상사의 진출과 무역업 개방

미쓰비시, 이토추 등의 일본 종합상사와의 현격한 실력 차.

(3) 정부정책의 변화

정부 규제제도의 완화와 지원제도의 철폐 가속화.

(4) 탈상사화의 진행

각 소속 기업집단의 주력 메이커들이 독자적으로 국외조직망을 확대.

(5) 상사기능의 비교 우위 약화

상사의 금융기능과 정보기능이 대중화.

● 지원기업에 대한 이해

"야심 있는 세일즈맨은 아프리카와 중동에 보내 단련시킨다"는 김우중 전 회장의 철학에 따라 직원 대부분이 국외근무 경험이 있고, 진정한 의미에서의 국제전문가를 양성하는 대우인터내셔널은 전세계 180여 개 나라, 6천여 개의 거래선을 보유하고 있는 명실상부한 국내 최고의 종합상사이다. 주요 사업 분야로는 국제무역, 국외에너지자원개발, 국내외 투자사업, 국외 프로젝트사업 등이 있다. 특히 자원개발은 1992년 베트남을 시작으로 현재 전세계에서 9개의 석유·가스개발사업과 6개의 주요 광물자원개발사업을 벌이고 있다. 이 가운데 페루 원유전, 오만과 베트남의 가스전에서 매년 약 300억 원 정도를 벌어들이고 있다. 개발 단계에서 이미 운영권을 확보한 미얀마 해상광구는 2013년 상업 생산에 들어갈 예정이고, 마다가스카르 암바토비 니켈광산도 조만간 개발이 완료될 예정이다.

부록

인문학적 성찰 중심의 자기소개서 작성과

인성면접에 도움이 되는 도서

자료제공 : 교보문고

1. 인문도서

도서명	저자명	출판사명
가끔은 제정신	허태균	쌤앤파커스
가장 인간적인 인간	브라이언 크리스찬	책읽는수요일
가족의 두 얼굴	최광현	부키
감정사용설명서	롤프 메르클레	생각의날개
강의	신영복	돌베개
격몽요결	이이	을유문화사
결혼하면 사랑일까	리처드 테일러	부키
고독의 위로	앤서니 스토	책읽는수요일
고민하는 힘	강상중	사계절
관계의 본심	클리포드 나스	푸른숲
국가론	플라톤	돋을새김
군주론	니콜로 마키아벨리	까치
그 동안 당신만 몰랐던 스마트한 실수들	아서 프리먼	애플북스
그림으로 읽는 생생 심리학	이소라	그리고책
글쓰기 훈련소	임정섭	경향미디어
글쓰기의 공중부양	이외수	해냄출판사
김수영을 위하여	강신주	천년의상상
나는 아내와의 결혼을 후회한다	김정운	쌤앤파커스
나는 왜 눈치를 보는가	가토 다이조	고즈윈
나의 운명 사용설명서	고미숙	북드라망
내 마음을 만지다	이봉희	생각속의집
내 인생의 논어 그 사람 공자	이덕일	옥당
논어	공자	홍익출판사
논어	공자	글항아리

도서명	저자명	출판사명
논어의 말	나가오 다케시	삼호미디어
뇌철학	이승헌	국제뇌교육종합 대학원 대학교
니체의 말	프리드리히 니체	삼호미디어
단단한 공부	윌리엄 암스트롱	유유
도요토미 히데요시	야마지 아이잔	21세기북스
독립연습	황상민	생각연구소
독서불패	김정진	자유로
돈으로 살 수 없는 것들	마이클 샌델	와이즈베리
동물을 먹는다는 것에 대하여	조너선 사프란 포어	민음사
동양고전이 뭐길래	신정근	동아시아
동의보감 몸과 우주 그리고 삶의 비전을 찾아서	고미숙	그린비
라디오헤드로 철학하기	브랜든 포브스	한빛비즈
마틴 셀리그만의 긍정심리학	마틴 셀리그만	물푸레
만들어진 신	리처드 도킨스	김영사
맹자	맹자	홍익출판사
맹자 사람의 길	김용옥	통나무
멘탈리스트 마음을 해킹하다	김덕성	조이럭클럽
명강	송호근	블루엘리펀트
명심보감	추적	홍익출판사
목민심서	정약용	창비
몰입, FLOW	미하이 칙센트미하이	한울림
몰입의 즐거움	미하이 칙센트미하이	해냄출판사
무엇이 우리의 생각을 지배하는가	엘든 테일러	알에이치코리아
미술관 옆 인문학	박흥순	시네문집

도서명	저자명	출판사명
미학 오디세이	진중권	휴머니스트
받아들임: 지금 이 순간 있는 그대로	타라 브랙	불광출판사
베껴 쓰기로 연습하는 글쓰기 책	명로진	타임POP
불가능한 것의 가능성	인디고 연구소	궁리
불안하니까 사람이다	김현철	애플북스
비폭력 대화	마셜 B. 로젠버그	한국NVC센터
사기 열전	사마천	민음사
사기본기	사마천	민음사
사람을 움직이는 100가지 심리법칙	정성훈	케이앤제이
사랑의 기술	에리히 프롬	문예출판사
사랑하지 말자	김용옥	통나무
사물의 민낯	김지룡	애플북스
사물의 언어	데얀 수직	홍시
삶을 바꾼 만남	정민	문학동네
상처받은 내면아이 치유	존 브래드쇼	학지사
상처받지 않을 권리	강신주	프로네시스
생각의 지도	리처드 니스벳	김영사
생각의 탄생	로버트 루트번스타인	에코의서재
서른살이 심리학에게 묻다	김혜남	갤리온
성학집요	이이	청어람미디어
소유냐 존재냐	에리히 프롬	까치
소크라테스의 변명	플라톤	문예출판사
손자병법	손자	글항아리
수업이 바뀌면 학교가 바뀐다	사토 마나부	에듀니티
스키너의 심리상자 열기	로렌 슬레이터	에코의서재

도서명	저자명	출판사명
좋은 사람 콤플렉스	듀크 로빈슨	소울메이트
죽기 전에 한번은 유대인을 만나라	랍비 조셉 텔루슈킨	북스넛
중용 인간의 맛	김용옥	통나무
지식 프라임	EBS 지식프라임 제작팀	밀리언하우스
지식 e	EBS 지식채널 e	북하우스
지식의 책	내셔널지오그래픽	지식갤러리
책은 도끼다	박웅현	북하우스
천재들의도시 피렌체	김상근	21세기북스
철학 카페에서 시 읽기	김용규	웅진지식하우스
철학 콘서트	황광우	웅진지식하우스
철학 VS 철학	강신주	그린비(그린비라이프)
철학과 굴뚝청소부	이진경	그린비(그린비라이프)
철학을 권하다	줄스 에반스	더퀘스트
철학의 책	윌 버킹엄	지식갤러리
철학이 필요한 시간	강신주	사계절
철학적 시 읽기의 즐거움	강신주	동녘
철학카페에서 문학 읽기	김용규	웅진지식하우스
철학하라	황광우	생각정원
청춘의 독서	유시민	웅진지식하우스
최재천 스타일	최재천	명진출판사
크로스	정재승	웅진지식하우스
통섭	에드워드 윌슨	사이언스북스
통섭의 식탁	최재천	명진출판사
통찰력을 길러주는 인문학 공부법	안상헌	북포스
프로이트의 의자	정도언	웅진지식하우스

도서명	저자명	출판사명
플라톤의 국가 정체	플라톤	서광사
피로사회	한병철	문학과지성사
하버드 글쓰기 강의	바버라 베이그	에쎄
학교란 무엇인가	EBS 학교란 무엇인가 제작팀	중앙북스
한국사	고종훈	21세기북스
한국인의 밥상	KBS 한국인의 밥상 제작팀	시드페이퍼
한국인의 심리코드	황상민	추수밭
한글의 탄생	노마 히데키	돌베개
한밤중에 잠깨어	정약용	문학동네
한비자	한비	글항아리
한자 암기박사	박원길	동양문고
행복의 조건	조지 베일런트	프런티어
현자들의 평생공부법	김영수	역사의아침
화해	틱낫한	불광출판사
희망 특강	조벽	해냄출판사
JUSTICE	마이클 샌델	김영사
48분 기적의 독서법	김병완	미다스북스

2. 경제경영도서

도서명	저자명	출판사명
가난한 집 맏아들	유진수	한국경제신문사
강남부자들	고준석	흐름출판
거짓말하는 착한사람들	댄 애리얼리	청림출판
결정적 순간에 써먹는 선택의 기술	크리스토퍼 시	북돋움

도서명	저자명	출판사명
넥스트 패러다임	최은수	이미디어
누가 내 지갑을 조종하는가	마틴 린드스트롬	웅진지식하우스
니치	제임스 하킨	더숲
당신은 구글에서 일할 만큼 똑똑한가	윌리엄 파운드스톤	타임비즈
당신이 속고 있는 28가지 재테크의 비밀	박창모	알키
대우는 왜	대우세계경영연구회	북스코프
대통령과 루이비통	황상민	들녘
대한민국 20대 재테크에 미쳐라	정철진	한스미디어
대한민국 경제 2013 그 이후	김경원	리더스북
대한민국 업종별 재무제표 읽는 법	이민주	스프링
더 체인지	김재윤	삼성경제연구소
돈 걱정없는 신혼부부	김의수	비전과리더십
돈 좀 굴려봅시다	홍춘욱	스마트북스
디맨드	에이드리언 슬라이워츠키	다산북스
디퍼런트	문영미	살림Biz
뜨거운 노래는 땅에 묻는다	최평규	리더스북
러쉬	토드 부크홀츠	청림출판
로지컬 씽킹	테루야 하나코 외	일빛
리더의 조건	존 맥스웰	비즈니스북스
마음을 움직이는 승부사 제갈량	자오위핑	위즈덤하우스
마케팅 불변의 법칙	알 리스	비즈니스맵
마켓 3.0	필립 코틀러	타임비즈
마흔살 행복한 부자 아빠	아파테이아	길벗
멀티플라이어	리즈 와이즈먼	한국경제신문사
모든 비즈니스는 브랜딩이다	홍성태	쌤앤파커스

도서명	저자명	출판사명
무엇을 선택할 것인가	장하준	부키
무엇이 되기 위해 살지 마라	백지연	알마
문제는 경제다	선대인	웅진지식하우스
바로잉	데이비드 코드 머레이	흐름출판
보스의 탄생	린다 A. 힐	SEEDPAPER
부동산 상식사전	백영록	길벗
부메랑	마이클 루이스	비즈니스북스
부의 정석	최윤식	지식노마드
부자 아빠 가난한 아빠	로버트 기요사키	황금가지
부자나라는 어떻게 부자가 되었고 가난한 나라는 왜 여전히 가난한가	에릭 라이너트	부키
부자들은 왜 장지갑을 쓸까	카메다 준이치로	21세기북스
부자아빠 기요사키가 말하는 부자들의 음모	로버트 기요사키	흐름출판
부자통장	박종기	청림출판
비즈니스 모델의 탄생	알렉산더 오스터왈더	타임비즈
빅데이터 경영을 바꾸다	함유근	삼성경제연구소
빅데이터 비즈니스	스즈키 료스케	더숲
빌딩부자들	성선화	다산북스
빌라투자로 100억 부자된 청소부	채익종	뿌브아르
사장이 알아야 할 모든 것 123	제이 골츠	글로세움
새로운 미래가 온다	다니엘 핑크	한국경제신문사
생각에 관한 생각	대니얼 카너먼	김영사
생각정리 프레임워크 50	요시자와 준토쿠	스펙트럼북스
생각하지 않는 사람들	니콜라스 카	청림출판
세계 경제권력 지도	송길호	어바웃어북

도서명	저자명	출판사명
세상 모든 CEO가 묻고 싶은 질문들	IGM세계경영연구원	위즈덤하우스
세상의 모든 전략은 전쟁에서 탄생했다	임용한	교보문고
숨겨진 가치주가 한눈에 보이는 스몰캡 업계지도 2012	이데일리	어바웃어북
스티브 잡스	월터 아이작슨	민음사
스틱	칩 히스	웅진윙스
시골의사의 부자경제학	박경철	리더스북
시골의사의 주식투자란 무엇인가	박경철	리더스북
시장을 읽는 기술	이성규	참돌출판사
앞으로 10년 돈의 배반이 시작된다	로버트 기요사키	흐름출판
앨리스의 비밀통장	차시현	크레듀
언니의 비밀통장	허서윤	21세기북스
오토코마에 두부	이토 신고	가디언
왕초보를 위한 부동산 경매 교과서	박갑현	미래지식
왜 일하는가	이나모리 가즈오	서돌
우리 회의나 할까	김민철	사이언스북스
운명을 바꾸는 10년 통장	고득성	다산북스
원클릭	리처드 L. 브랜트	자음과모음
월급쟁이 재테크 상식사전	우용표	길벗
월급전쟁	원재훈	리더스북
월세의 여왕	성선화	리더스북
유엔미래보고서 2025	박영숙	교보문고
육일약국 갑시다	김성오	21세기북스
이건희 27법칙	김병완	미다스북스
이상한 니라의 경제화	이원재	어크로스

도서명	저자명	출판사명
일본전산 이야기	김성호	쌤앤파커스
일의 미래	린다 그래튼	생각연구소
임대수익 부자들	김종선	타커스
자본주의 4.0	아나톨 칼레츠키	컬처앤스토리
재테크 하기 전에 알았더라면 좋았을 것들	심기원	참돌출판사
저는 부동산 경매가 처음인데요	신정헌	한빛비즈
저는 주식투자가 처음인데요	강병욱	한빛비즈
종횡무진 한국경제	김상조	오마이북
좋은 기업을 넘어 위대한 기업으로	짐 콜린스	김영사
주식 투자 궁금증 300문 300답	곽해선	동아일보사
주식투자 무작정 따라하기	윤재수	길벗
죽기 살기로 3년만	신동일	참돌출판사
죽은 경제학자의 살아있는 아이디어	토드 부크홀츠	김영사
지금 당장 경제공부 시작하라	최진기	한빛비즈
최진기의 뒤죽박죽 경제상식	최진기	스마트북스
탐스 스토리	블레이크 마이코스키	세종서적
트렌드 코리아 2012	김난도	미래의창
티핑 포인트	말콤 글래드웰	21세기북스
파이낸스 커리어 바이블	이혁재	매일경제신문사
프로파간다	에드워드 버네이스	공존
하버드 정치경제학	천진	에쎄
한국의 슈퍼리치	신동일	리더스북
행복부자학	오연석	청아출판사
현대카드 이야기	이지훈	쌤앤파커스

도서명	저자명	출판사명
현대카드가 일하는 방식 50 Pride	현대카드 현대캐피탈 현대커머셜	이야기나무
협동조합으로 기업하라	스테파노 자마니	북돋움
혼 창 통: 당신은 이 셋을 가졌는가	이지훈	쌤앤파커스
화폐 트라우마	다니엘 D. 엑케르트	위츠
화폐전쟁	쑹훙빙	랜덤하우스코리아
회계 천재가 된 홍대리	손봉석	다산북스
CEO 안철수 영혼이 있는 승부	안철수	김영사
Inside Apple	애덤 라신스키	청림출판
MY FRIEND CREATIVITY	여훈	스마트비즈니스
SERI 전망 2012	권순우	삼성경제연구소
10년 후 세상	중앙일보 중앙SUNDAY 미래탐사팀	청림
10년후 미래	대니얼 앨트먼	청림출판
10억짜리 꼼수 소셜마케팅	손정일	라온북
2012 업계지도	이데일리	어바웃어북
2012 트렌드 키워드	김민주	미래의창
20대 경제생활 첫걸음	양석조	북스토리
30대 경제생활 완전정복	최성우	북스토리
4개의 통장	고경호	다산북스
5년 후 중국	전병서	참돌출판사
7가지 보고의 원칙	남충희	황금사자
88만원 세대	우석훈	레디앙

인문학적 성찰 중심의
자기소개서 · 인성면접

펴낸날 | 2012년 11월 1일 · 1판 1쇄 발행

지은이 | 조용진 조용기
펴낸이 | 나성원
펴낸곳 | 나비의 활주로
주 소 | 서울시 강북구 노해로 17
전 화 | 070-7643-7272 · 팩스 | 02-6499-0595
전자우편 | udeng7076@naver.com

출판등록 | 2010년 9월 17일(제25100-2012-000013호)

ISBN 978-89-97234-10-3 13320